创业之道

创新与创业大讲堂实录

ROAD TO ENTREPRENEURSHIP

徐飞 主 编

赵旭 朱健 桑大伟 副主编

北京大学出版社
PEKING UNIVERSITY PRESS

图书在版编目(CIP)数据

创业之道:创新与创业大讲堂实录/徐飞主编.—北京:北京大学出版社,2013.1

ISBN 978-7-301-21685-9

Ⅰ.①创… Ⅱ.①徐… Ⅲ.①大学生-创造教育 Ⅳ.①G640

中国版本图书馆 CIP 数据核字(2012)第 284989 号

书　　名:创业之道——创新与创业大讲堂实录
著作责任者:徐　飞　主编　赵　旭　朱　健　桑大伟　副主编
责 任 编 辑:周　玮
标 准 书 号:ISBN 978-7-301-21685-9/F·3423
出 版 发 行:北京大学出版社
地　　　址:北京市海淀区成府路 205 号　100871
网　　　址:http://www.pup.cn
电 子 信 箱:em@pup.cn　　QQ:552063295
新 浪 微 博:@北京大学出版社　@北京大学出版社经管图书
电　　　话:邮购部 62752015　发行部 62750672　编辑部 62752926
　　　　　　出版部 62754962
印　刷　者:北京大学印刷厂
经　销　者:新华书店
　　　　　　730 毫米×1020 毫米　16 开本　11.75 印张　173 千字
　　　　　　2013 年 1 月第 1 版　2013 年 1 月第 1 次印刷
印　　　数:0001—3000 册
定　　　价:30.00 元

序

在知识经济和科学技术飞速发展的今天，世界经济的发展模式正在悄然发生着变化："创新与创业"作为经济和社会发展的助推器，从来没有像今天这样，成为世界各国竞相实施的国家战略。在建设创新型国家的进程中，从广义的创业视角看，培养大批具有创业精神、创业能力的高素质拔尖创新人才，是国家对上海交通大学等重点高校的期望；从狭义的创业视角看，培养一大批产业巨子，是上海交通大学这所百年学府的重要办学使命之一。

2007 年，上海交大开设"创新与创业大讲堂"课程，是经过深思熟虑、反复研究、非常慎重的一项战略举措。创业教育的出现，体现了教育模式对现代与未来经济增长方式的适应，体现了社会对人才的新要求。上海交大有义务、有条件、也有能力发挥优良的创新传统，开展创新与创业教育，形成交大特色的创新与创业氛围。

创新与创业教育模式以人的全面发展为目标，以创业实践活动为载体，以创新精神和创业意识为核心，以创造和创业能力为关键，通过独特的授课方式，培养新一代具有创新精神、创业意识和创造能力的交大人，并以这样一个庞大而活跃的青年群体不断产生的新的火花，去辐射和引领社会创新和进步，我们把它看成是交大在新时期对国家和社会的一种特殊职责和使命。

"创业是生命里一种力量的迸发"，它不是简单地"创办企业"，而是一种艰苦奋斗、自立自强、永不言败、百折不挠的精神诉求；它是不思进取与贪图安逸的鲜明对比，是需要同学们感悟人生、勇担重任、富有理想、勇攀高峰的精神写照。我们鼓励同学们的创新、创业热情，挖掘同学们的创新、创业潜力，使大家成为具有远大理想和抱负，具备创业的激情、勇气和能力的高素质人才，这是学校在新时期对同学们的一种更高期望。

五年时光飞逝，我欣喜地看到在参与课程组织实施的师生们的努力下，在参加教学的企业家和学者的倾力支持下，创新与创业大讲堂逐渐走向成熟，取得了很好的效果。同时，这五年中，我校的创业教育也不断迈出新步伐，特别是2010年6月，在创新与创业大讲堂、创业沙龙、创业竞赛等工作基础上，交大加大创业教育探索力度，在全国高校中率先成立创业学院，构建“面上覆盖”与“点上突破”相结合的创业教育体系，在高校创业教育中闯出一条新路。

上海交大在116年的发展历程中，培养出了一大批享誉世界，为祖国和世界经济、科技发展做出巨大贡献的创新人才。这些在各个领域创新、创业的校友们，用他们的经历和实践最有力地证明了交大的创新和创业传统！青春，是人类生命激情的赞歌，是以挑战者姿态迎接一切的年龄。通过本书的出版，衷心希望让更多的青年学子感受创业者的人格魅力和真知灼见，激发和提升创新精神，培养和造就创业能力，成为一个能面对未来挑战、不断突破常规的创新创业型人才！

上海交通大学党委书记

校务委员会主任

2012年8月

目 录 Contents

三 创业路径

四 创业环境

一

创业精神与创业价值

创新精神与事业发展

著名经济学家、咨询专家，杜克大学经济学博士　刘鹰

一、创新的定义

创新可以从亚当和夏娃的故事说起。当上帝创造亚当和夏娃以后，就告诉他们说:“园中各种树上的果子你们可以随意吃。只是分辨善恶树上的果子你们不可吃，因为你们吃后必死。”亚当、夏娃作为人类的代表，就有一种本能的天性，他们没有听上帝的话，跑到果林吃了禁果，于是就有了我们现在的子孙后代。这个故事说明什么呢？比如，我教一个小孩弹钢琴，孩子玩了一会儿，根本不按我教的做，敲过去敲过来，最后用胳膊肘去弹。这么小的孩子就这么叛逆，因为这种创新是一种人的本能，不管你想做还是不想做，想不想承认，创新就是一种本能。

经济学认为劳动创造了世界。人的创新的本能是一定要通过劳动表达出来的，所以简单讲，没有劳动就没有创新。但这种劳动，不是简单的劳动。举个例子，我儿子就特别喜欢玩电脑游戏，要是让他去玩电脑游戏，他可以玩到深更半夜，可以持续玩一个星期，一点怨言都没有。如果我说，能不能帮我把垃圾倒了？他会说，“妈妈，我不喜欢做”。于是我告诉他，如果不把垃圾倒出去我就不给钱，他就不得不抽出一点时间把垃圾倒了，然后他又可以继续玩他的

游戏。有的时候你必须干你不喜欢干的事情,比方说去考试,谁愿意考试?我估计没有人会说“我喜欢考试”。

这就是我想表达的意思,生产不仅仅是一般劳动的函数,而是两种劳动的函数:一种是创新劳动,它是有发明、有创新的劳动;还有一种劳动,生存性的劳动,就是不得不劳动。就跟我儿子那种情况一样,他不帮忙倒垃圾我就不给他钱,可能他在学校的早饭就没了。

在生产的过程中,有两个很重要的概念:创新和发明。创新和发明有什么关系呢?发明的定义是:将资源变成想法。比方说,火药一定是有经验、有智慧的人去发现的,有智慧的人就会想火药怎么样能运用起来。但是创新的定义是:将新想法变成资源。这是西方课本上的一个概念。发明了火药以后,人们就反复琢磨这个火药怎么用,很多人就把它做成了烟火、炮弹。火药需要市场,需要扩散,需要应用,需要实践,这是创新。这个例子就可以解释发明和创新这两者之间有什么不同。

美国经济学家威廉·杰克·鲍莫尔在研究创新经济学方面是非常成功的教授,他提出了三种不同类型的创新:建设型创新、非建设型创新、破坏型创新。非建设型创新,这里不做过多阐述;建设型创新,比如古罗马的建立,中国的科举制度;破坏型创新,比方说希特勒和他的纳粹党,比如刚刚死去的本·拉登想到的用飞机去撞大楼。不是所有的创新都对社会有百分之百的贡献。

二、创新人才和创新体系

创新人才和创新体系是什么呢?首先创新人才有双重性。创新的那些人本身是可以调配资源的,同时又是被资源诱导和配置的。举个例子,我的儿子大学毕业,有双学士,去了美国最好的机器人研究所;我有个中国朋友的女儿是成都毕业的,考进了哈佛。我骄傲地说,我儿子有七万美元年薪;结果这个女孩子一出来年薪就是十万美元,只不过因为读了两年的商科。像我儿子那样毕业的孩子,你知道他们在等什么东西?他们想到脸谱网(facebook)公司里工作,因为脸谱网现在还没有上市,他进去工作了以后,一旦上市就可以拿到一大笔钱。在这样的财富观念下,谁愿意去拍脑袋想,怎样把火药发明出来,怎样把飞机建起来?所以是一种非常非常不好的现象。

用熊彼特的话概括来说,创新人才就是要干新事情,用新办法做现有的事情。最主要的一点,这些人一定要把新事干成。他如果想到干一件事情,他一定要办到。如果拍脑袋,只是说我想干这些事情,但是从来不把它放到议事日程上的话,不仅仅说他不能当企业家了,而是他在各领域都永远不能成功。

交叉学科对于创新特别重要。要创新,你就要有特点:你看大家都穿黑的白的,就你一个人穿红的,你就站出来了。如果你学了电脑学科,又学了其他的学科,你就有特点。所以要是有交叉学科的教育背景,找工作不是特别难的。广泛兴趣不用说了,多种工作经验特别重要,还有勤奋好学。

创新人才和创新体系,应该是一个相辅相成又互相影响的关系。在不同的社会条件下,会有不同的创新精神。关键是说,怎样把这样的一种精神,把人类勇于创新的精神和力量引导到建设性创新上。

前不久我跟科学院的一个所长聊天,聊得特别开心,他说现在中国创新特别多,但是最主要的是思想的创新。我们国家,要是没有邓小平那样的一种创新的话,我都不敢想象我们今天的社会是什么样子的,也许我今天不会在这儿,也许我今天会变成一个老奶奶每天在家里抱孙子了,不可能有我的今天。像现在国企产权改革大讨论,还有现在的国进民退、民进国退等说法,都是和创新体制息息相关的,有了很好的体制以后,社会就会向前发展。

三、创新与经济发展

这里还要讲一下,创新与经济的发展有什么关系?先举个例子,美国有白人、黑人、西班牙人、印第安人、亚洲人。最富的是哪种人?是亚洲人。再来看亚洲人的企业密度，企业密度就是每千人当中有多少企业。白人每千人中有86个企业，黑人才33个，亚裔的有95个。这里的确可以看到，企业密度和家庭收入是一个正相关的关系。顺便比较一下，我们中国现在的企业密度是多少？中国现在的情况和1929年时的美国差不多。在座的人都有可能成为增加企业密度的创造者，也就是说我们中国的发展前途还非常广阔。

现在美国，实际上在经历我刚才说的公进民退。公是指大公司或者上市公司，上市公司发展越来越好，说明什么呢？数量上讲上市公司占3%，但是销售额占64%，其他小公司的处境可想而知了。美国这种情况，就是创新精神在衰退。开创性的企业密度是逐年下降的，就是说每年把新开创的企业用全部的人口除一除，每千人当中开创企业的数量是逐年下降的。1977年，1 000人当中会有17个企业产生出来。但是现在的话，七八个都不到。它的这个下降的趋势，没法预测，不知道什么时候能够上去。

美国是世界上第一大强国，它的弊端已经可以看得出来。它可能回到了我们的春秋时代，我是指政治这一方面，它的那种官僚阶级已经形成了。但尽管如此，所谓的美国梦还在，很多人还愿意用这种公司的形式，来实现他的梦。这种精神还是在，唯一的问题就是，这么多年来，这样鼓励创新和小企业发展的机制做得越来越差，所以有前面我说的那样一种下降的趋势。

四、创新精神与个人发展

萧伯纳说："人们总是在埋怨，但是我不相信是处境不好。来到世界上而且成功的人，是那些积极寻找他们想得到的东西的人，如果他们想要的东西没有的话，那么就创造他们。"

举一个例子，一般遇到下雪下雨，妈妈总是对孩子说，"回家吧，不要受凉了，要记住戴帽子戴围巾"。但有一次下了很大的雪，我发现就有一个妈妈带着孩子，到我们住处周围敲门，问要不要铲雪。我们说好的，然后孩子开始铲雪，铲雪就成了这个孩子的生意。所以我现在回忆起来，我没有把我儿子带好。我觉得他时间太紧了，就对他说，“回去做作业吧，不要花你的时间到外面挣钱，不愁那个钱”，上大学的时候也给他准备了很多钱。我以为他会在那非常用功读书，其实适得其反，他拿了钱以后，去干吗呢？你都不能想，好在他没有去吸毒，是去谈女朋友。

我们太娇惯我们的孩子了，没有像美国妈妈那样的，让他们出去闯，让他们意识到，一分钱都是不容易挣到的。相比之下，我也让我儿子做事，但是都是参加比赛项目，出发点完全不一样，有了比赛项目以后，考大学容易加分。现在的美国大学生就业问题是非常现实的问题，2007 年的时候 51% 的大学生在出校门的时候工作就在他手上了，2008 年的时候只有 26%，到 2009 年的时候 20% 还不到。怎么办？现在美国的学校是非常拥挤的，读研究生的人太多太多。我想讲的是，创业是个人发展的一种需要，这些人就像我刚才说的那样，全是大学本科或者研究生毕业，他们没有工作，于是他们创业了。

企业家是怎么定义的呢？是积极主动的资本家。目前你们有各方面的资本，人力资本、财力资本、社会资本，全是你们的资本，就看怎么用。这些人力资本和社会资本全是可以转化的，转化为创业的财力资本。为什么创业是个人发展的需要呢？因为找一份工作不能带给你更大的发展。你得让人家听你的，听你的是说要实现你的理想。其实做企业，不是说让你去辛辛苦苦开个店，而是用一种表现方式去表现你的创造能力，表现你可以把这个事情做成，表现从这个事情开始，你还可以往前走。就像那位黑人市长一样，说不定把你太太的自由买来了以后，把你自己的自由得来了以后，你还可以当市长。

最后我想说的是，要做好人。在与他人一起共同奋斗的时候，并不是说一脚踩在别人的身上，然后把这个人踩下去。而是要做好人，互相帮助，互相支持，共同往前走。这是为什么很多人当他做得很成功以后，不能继续做一个很成功的完人。他不懂得这个，因为他做好了以后，就开始侵犯别人的利益。

以安然事件的导演者为例，这些人都是有创造性的人，他们至少能做建设性的事情。他们曾经跟希拉里关系都非常好，是白宫的常客。曾几何时，他们都是威风凛凛的人，现在全部变成了阶下囚。因为这些人在他们的发展当中，忘了不能欺诈他人，开始弄虚作假。

如果把各位同学看成被配置的资源的话，我看到的是一批极其宝贵的财富；如果把你们看成资源的配置者，我不知道前途是什么样的。所以我们现在面临的挑战，不是新世界，而是如何让你们这些人更有效地发挥你们的力量。丘吉尔说，我们会感到每天都在爬山，每天都要有进展，但是你前面是一段长路，你知道在你面前是永远走不完的路，你会感觉到欣慰。世界并不是属于每一个人，而是属于创新的人。

信念与斗志

时任浪潮集团有限公司董事长兼党组书记　孙丕恕

一、成长之路:从技术员到掌门人

我把 IT 行业分成四个阶段,也是我在公司里面提出来的。第一个叫大型机阶段,1945 年到 1980 年是大型机时代;从 20 世纪 80 年代开始进入个人电脑时代,包括现在用得比较多的笔记本、上网本,这些都是个人电脑;1995 年到 2010 年是互联网时代,主要以移动互联网为主,包括谷歌、百度、阿里巴巴等,新业态催生出互联网的应用;从 2010 年到现在则是云计算时代。从互联网时代开始,很多新贵都是出现在互联网产业的,我相信再过几年也会出现云计算时代的新贵。

我自己经历了三个时代,我希望我自己创新创业的经历和体会能帮助同学们在创业的过程中共同成长,共同进步。

扎根研发,获科技重奖

我 1983 年从山东大学毕业就来到浪潮,有幸参与了中国第一批个人计算机浪潮 0520 微型计算机的设计开发工作。能做一个电脑是很了不起的,当时一台电脑卖 5 万元钱,现在讲也就一平方米房子的钱,但是当时毕业每月工资是45元钱,第二年是54元钱,全国基本上都是一样的。当时一台电脑5万元钱很了不得的,绝对是高科技的东西。当时浪潮开始做电脑,其实也是从外部设备转型过来做。那时大学生也是比较珍贵的人才,所以让我直接参与了电脑开发的工作,一开始是从仿制起步的,然后我们研发出第一代浪潮电脑。在随后的日子里,我参与了浪潮286、386系列微机的研发工作,研发成果先后荣获全国微机质量评比一等奖、国家质量银质奖等荣誉。当时中国的PC技术发展迅速,我牵头研制的浪潮0520微机,不仅在中国处于领先地位,在美国的拉斯维加斯展览会上也引起了很大的反响。参选国家银质奖时,好多厂商一起进行评比,把很多机器放在35℃高温下,看电脑坏不坏,包括性能。

经过我们不断的创新拼搏,浪潮的影响力迅速提升,受到了国家领导的高度关注,1992年,江泽民总书记视察浪潮,我当时给总书记汇报科研开发的情况。因为江总书记是搞电子出身的,对CPU、内存、模具都比较清楚,我当时作为技术人员就给江总书记汇报,当时他觉得计算机这个行业大有可为。他离开电子部门的时候,计算机开始兴起,他对微型计算机有很深的感受。

在我而立之年,我从一个初出茅庐的大学生成长为一个"技术大拿",并拿到了人生中第一个大奖——山东省政府重奖。1992年,我在PC研发领域的努力,受到了山东省政府对科技人员的重奖,包括一辆奥迪轿车、15万元现金和一套住房共计50万元的奖励。而此时的浪潮经过快速的发展,也成为中国最大的PC厂商之一。当时国外同事很多人羡慕说我有房子,我觉得房子没什么,但是在他们看来很了不起。同样在国内国外,出国做出成绩,在国内也能做出成绩,在不同的岗位上都能做出成绩。

我跟大家讲,创业的第一个阶段是扎根研发,扎根研发的故事还是很多的。实际上当时到了1990年的时候,我那时做研发也比较厉害,当时很多企业包括我国台湾、香港地区以及美国的企业都请我。我1990年在香港工作,香港有一个公司请我加入,当时1个月给我1万港币,我工资是100元人民币,那时还是港币值钱的时候。大前年我跟那个公司的人吃饭,一开始是朋友请客,无意中我也去了,我一看原来是认识的人。我说当时幸亏没有跟你去,跟你去就完了。诱惑无处不在,我觉得这个企业给我创造了很好的施展才华的环境,虽然收入不高。别人给我 1 万元钱,还可以去美国,诱惑很大,但我觉得坚定信念,经得住诱惑很重要。我当时觉得自己有很好的研发机会,虽然不是核心领导,但是领导也重视我,我自己在一线可以推动这些事,所以我能够经得住诱惑。1992 年以后见了江总书记,也获了重奖,责任感就更强了,当时留下来就是一个信念:感觉我在这个企业有发展,以后也有机会离开,但是那时候有责任就不能离开了。上海交大的马书记说"选择了交大就是选择了责任",这就是一种责任。上海交大的学生要承担建设国家的责任,不光是挣钱,当然挣钱也是建设国家的一种表现。

开创中国服务器产业

20 世纪 90 年代初,随着网络时代的来临,服务器的重要性日益突出。而西方国家对我们实行技术封锁,限制应用范围,维护由外方负责。为此,起步的中国信息化不但要付出高昂的采购和维护成本,国家的信息安全也严重受制于人。以前不能联网的时候,你在这个储蓄所存钱只能在这个储蓄所取钱。以后发展起来,在这个储蓄所存钱上别的储蓄所也能取钱,这个已经有了一个很大的进步,这就是一个银行的核心竞争力。银行拼命在讲,一个城市里要买两台小型机,备份推广这样的业务,我就感觉到我们应该做这么一个产品出来。我们一台电脑当时卖两三万元钱,从五万元钱下降到两三万了。我们看着银行同城通兑的业务,就跟公司提出来我们能不能开发这么一个产品。当时我用手写的申请报告,我的立项报告就叫小型机,现在互联网出来以后把小型机改成叫服务器了。做电脑的不一定会做小型机,小型机是更高的技术,当时垄断的是 IBM、惠普等。当时我们提出说要开发有 10 个 CPU 共享结构的一个小型机。英特尔也只会做 CPU,不会做小型机,但我们组建了这么个团队,研发出中国第一台小型机,也就是服务器。

1993 年 3 月,中国第一台服务器 SMP 2000 在浪潮诞生,中国服务器产业实现零的突破。SMP 2000 的诞生和应用更加坚定了我发展自主技术、维护国家信息安全的信心和决心。1994 年,浪潮 SM 2000 成功应用于中国银行德州分行,首次实现国产服务器的商业应用。SM 2000 性能上完全可以媲美国外小型机,但价格只有其三分之一,极大地降低了中国信息化成本。

当时银行需要小型机,银行不差钱,能买不少机器。我们老总说能卖一千台小型机就给我重奖。公司不会卖,于是我们组建了一个实验部,包括研发人员和事业人员,我担任研发事业部经理来卖这个服务器,当时首次应用是在中国银行德州分行。当时还有一个重要条件,卖两台小型机就可以到国外培训。90 年代出国是很大的荣耀,说出国了,还能带个电视和冰箱回来,那是不一样的,当时在国外是几百美金,但是在国内就很贵了。

在德州当时机器用的也是 SM 2000,晚上的时间我们回来把德州分行的机器替换下,换上我们的机器。我们建立了一个替代的过程,白天用人家的机器,晚上换上我们的机器进行测试。我们公司对开发人员比较理解,另外也理解市场人员的艰辛:技术人员被劈头盖脸说的比较少,但是市场人员在客户面前就不一样了,技术没有给人弄好,银行在取钱过程中系统瘫痪了取不出钱,那老百姓的情绪会反映到银行领导这里,银行领导直接骂供应商,客户对你愤怒也会直接说你。我现在对推销的人也努力控制情绪,虽然很烦,但是我也会好好说。从一个技术人员到一个懂技术、推动技术的人,从而变成一个市场人员,这是一个转换的过程。

中国服务器产业的崛起

在实现技术突破的同时,浪潮开始了国产服务器的产业化之路。1996 年,浪潮承担了国家 863 计划“国产服务器推广和应用”重大项目,同年,中国第一条服务器专业生产线在浪潮建成。在浪潮服务器产业起步之后,其他厂商也加入到国产服务器产业中,国产服务器阵营不断壮大。经过十余年的发展,国产服务器的市场占有率扩大到近 50%,彻底打破了国外品牌的垄断。伴随着浪潮的不断壮大发展,2002 年,我还很荣幸地被评选为第十三届“中国十大杰出青年”之一。

要推动中国服务器产业崛起,高端服务器不可或缺,它是电信、金融、能源等关键行业、核心业务系统的运行平台,是国家信息化的战略装备。但国外品牌一直垄断着这一市场,对国内信息战略安全造成重大隐患。2003 年,浪潮自主研制了中国第一台高端服务器——浪潮天梭 TS 20000。什么都是在开始的时候最艰难,一旦创造出这个环境来就开始跨越式的发展。企业在前期大家不认可的时候要付出很大努力,一旦社会认可了之后,就可以实现跨越式的发展。

在网络时代,浪潮承担了多项国家 863 重大专项,承建了国家唯一一个在企业的国家重点实验室——高效能服务器和储存技术国家重点实验室,并承担了总投资 10 亿元的国家“十一五”863 重大专项——高端容错计算机和海量储存项目。建实验室国家没给多少钱,但由于承担着两个重大专项,我们为开发设备投入了十几个亿。

浪潮 32 路高端服务器实现了核心芯片设计等关键技术突破,浪潮研发出中国第一台 32 路高端容错服务器和第一台高密度服务器,使得我国大型机的研发达到世界先进水平,成为继美国之后第二个掌握这些核心高端技术的国家。中国服务器产业正式迈入世界第一阵营,它和海量存储一起成为云计算的核心装备。

浪潮的二次创业

1997 年,我走上了浪潮集团的管理岗位,担任常务副总裁。浪潮此时也依托技术创新和服务器产业开始了“二次创业”,逐步形成了在中国独树一帜的软硬一体化的发展模式。20 世纪 90 年代中期,由于 PC 产品的技术公开化和产品同质化日益严重,加之网络时代到来,服务器的地位日益重要。在这种背景下,浪潮集团主动求变,推动产业由 PC 向产业链上游的服务器升级。我和一批青年技术人员被历史推到了前台,走上管理岗位,开始由技术者向管理者的转变。

今天的个人电脑行业,最高的毛利率也就 10% 左右。毛利率是什么意思?

销售价减成本价。还要打广告,还有人力成本,剩下的利润是寥寥无几的。我们当时就处在这样的环境下,从红海里跳出来转到服务器上。之后我们一步步推进软件一体化的模式。我提出了浪潮发展的四大战略:第一是专注化,专注信息产业,不断推动向产业链上游转移,提高产业附加值;第二是一体化,实现集团一体化经营,为客户提供软硬件一体化的整体解决方案;第三是国际化,围绕核心业务开展与世界500强企业的合资合作(引进来),不断开拓国际市场(走出去);第四是构建利益共同体,通过管理创新和机制创新,建立全集团统一的激励机制,实现企业发展和员工致富同步。

实际上现在很多的企业,做到几百亿收入以后,在当地或者某一个市场很厉害,政府也能给很多资源。我们业界很多企业正在多元化发展,不会把所有的鸡蛋放在一个篮子里。现在很多企业都在做房地产,因为大企业从政府拿地也比较容易,很多产业的企业就不愿意搞产业了,就搞房地产。但是我觉得我们要专注,在这个行业里面也有金矿,只是挖掘起来比较难而已。我感觉这一方面,美国的经验很值得我们学习。像韩国三星这样多元化发展起来的,这么有竞争力的确实也比较少见。我们上面是一个集团,底下有好几个公司,集团怎么才能进行有效的管理?很多人说一个集团大家都互不相干,形成不了合力。就像一麻袋土豆,在一个麻袋里是一个集团的,但是一旦麻袋破了一个洞,大家就都分散开了。前一段时间跟台湾一家集团公司谈,他们的每个业务都是独立的,在园区里面的每个企业都是独立的,不能统一规划。所以我们特别强调利益共同体。

二、企业创新长效机制——营造创新文化

什么是创新?现在国家层面讲,原创是创新,集成是创新,消化吸收再创新也是创新。国家讲了三个创新。我们不能拿国家的话来讲,我们就讲做了别人没做的是创新,模仿学会了是创新,今天比昨天进步也是创新。我举一个

例子，存1元钱，日息是1%，70天之后变成2元。这意味着你的工作每天改进1%，70天之后你的工作就将上升一个新台阶。持续改进也是创新，就是打扫卫生也能创新。这个桌子怎么擦得亮，怎么擦得快，这些都是创新，把创新的理念引进到我们集团，而不是说哪个人能创新，哪个人不能创新。

浪潮的创新观是实施具有价值的创新。创新是浪潮的DNA，没有创新就没有浪潮的今天，更不会有未来。“技术—专利—标准”梯次攀登是浪潮创新的三步曲，浪潮倡导“全员、全面、持续、有价值”的创新。更好地满足客户需求、更好地提升客户价值、更好地提高工作效率、更好地节约成本等都是有价值的创新。

实际上专利并不难，我儿子也有专利，我找了一个搞专利特别好的老师，给我儿子辅导怎么申请专利，他在高二就申请了两个专利。大学老师做标准不是特别多，企业界做标准比较多。我们2010年申请了465项专利，其中65项是发明专利，制定了11个标准，其中发布了5个。

原来我们很多员工也是做完之后就拉倒，对专利、对标准认识不是很清楚。我们设立“技术—专利—标准”梯次攀登之后，知识积累就能有效地推动和支撑科创新体系的标准。有了知识库之后，从库里面提取就省心了，这些部件都是通过验证的，都不用重新做了，拿出来就可以用。但实际很多人想发挥聪明才智，我们针对这个情况，让做出这部分贡献的人不用给公司交钱，公司给他们钱，目的是鼓励他们做出更大的贡献。

浪潮的人才理念是：本领决定舞台，业绩体现价值，财富回报才智。我们公司设立了青年成长奖励基金。2008年，我获得济南市明星企业家100万大奖，捐献给公司并倡导设立青年成长奖励基金。奖励基金主要面向工作三年内的大学毕业生，以激励青年人快速成长。毕业在3年以内，各年度考核结果均在A以上，且最近一年考评为S的新员工，就将获得青年成长奖励基金。获得奖励的青年员工不但可以在职级晋升、期权股权分配等方面得到倾斜，2010年进一步出台政策，获奖者可在购房首付时向集团预借10万元。

我们也在不断推动企业向产业链上游发展。只有能够向产业链上游的核心领域不断挺进,才能使企业始终保持竞争力。2009 年,浪潮利用金融危机的机遇,收购了全球第二大半导体厂商奇梦达中国研发中心和葡萄牙的 12 英寸集成电路封装测试生产线,同国家重点实验室一起构筑了与世界同步的硬件研发平台,也打造了软硬一体化的运营模式。在发展服务器产业的同时,针对浪潮当时的产业发展情况和 IT 产业向服务领域转型的发展趋势,我们提出了“软硬件齐飞,一体化发展”的运营模式,构筑浪潮独特的软硬一体化的整体解决方案能力。

浪潮公司已将业务拓展到了 24 个国家,在美国、日本、委内瑞拉等地设有分公司,当前还处在国际化阶段。浪潮也在向云计算转型。我们很早就关注了云计算技术的发展,并在 2010 年率先提出向云计算解决方案供应商全面转型的战略,以实现我国 IT 产业在云时代的跨越。2010 年,浪潮发布了中国第一个云集散战略——浪潮云海战略,并发布了中国第一款云计算操作系统,我们致力于成为中国云计算的领导厂商。基于几十年的技术储备和行业经验,浪潮已经能够提供涵盖基础设施层、平台层、应用层的整体云计算解决方案。国外大公司,大的企业集团怎么做,我们也应该怎么来做,我们不停地进行交流和学习,实际上也是不停创新的过程。云海战略是国家工信部牵头的,浪潮针对中国信息化现状,提出了行业云的概念,其中面向三网融合的视频云计算解决方案还得到了李长春同志的高度认可。

三、信念、斗志、自省、创新

在与中国信息化共同成长的过程中,我个人经历了中国 IT 产业发展的三个时代,目睹了很多企业的兴衰变化,经历了从技术人员到管理者的转变,逐渐摸索出了把技术变为生产力的方法。

回到今天的主题,分享下我的个人感悟,还是信念、斗志、自省、创新。我觉得信念就是坚持。青年人面临着更多的压力,一方面是个人事业成长的压力,另一方面是经济上的压力,包括薪酬、高房价等。收入不是很高,但却处在物质需求最旺盛的时期。面对压力和诱惑,一方面要正确理解和面对这种现状,同时也要有坚定的信念,坚定干一番事业和取得成就的决心与信念。从我自己来看,在90年代初的时候,当时如果经不住诱惑,那我肯定没有今天。我当时认为公司给我的环境很好,我就认准了,虽然我收入不是很高,但是在这之间要有一个平衡和取舍。

其次,要有斗志。斗志是一种精神。干任何事情都要有旺盛的斗志,要有激情,要在各项工作中发挥主观能动性,要有敢于面对竞争、勇于坚持、敢于超越、敢于应对各种挑战的必胜信心。狭路相逢勇者胜。我们办公室有躺椅文化:晚上工作到很晚,就不回家了,然后直接在公司的躺椅上睡。我们干一件事时首先要想怎么把它干好,要有信心、想法和斗志。

做好工作,除了斗志之外,还要有方法。创业者大都具有极大的斗志和激情,而成功者往往是那些讲求方法的人。斗志 + 方法论 = 效率。提高效率可降低成本,提高竞争力,竞争力的增强又进一步推动斗志的产生。光有斗志不行,还要有方法,斗志只是一个前提。去企业之后,学习企业的流程就是一个很好的方法,学了之后觉得不好可以提出来然后再进行修改,这也是一个创新。

再次,要常自省。自省是提升个人境界的路径,要不断自我反思和总结。在遇到挫折或者失败时,不要怨天尤人,不要埋怨别人,不要总是强调客观原因。要首先从自身找原因,在事情没有做成时要首先想自己哪些方面没有做好,失败的原因是什么。有些事做成功了也要总结一下成功的原因是什么。通过不断反思,不断总结方法论,加快自己的成长和成熟,提升自己各方面的素养和综合能力。我们要不停地反思,比如说今天我批评员工,批评重了我也要反思一下,我原来脾气不好会直接说,后来我也在不停地反省改进。

最后,就是要创新。刚才已经说了,做别人没做过的是创新,模仿学会了是创新,今天比昨天进步的是创新,持续改进也是创新。李彦宏不就是模仿了谷歌,人人网不就是模仿了脸谱网?美国也在讲,中国人用模仿把美国的东西都模仿来了。模仿也是创新,李彦宏模仿谷歌,但是他的中文搜索做得比谷歌还好。

最后祝上海交大的同学们能够抓住机遇、勇于挑战，在今后的工作生活中，坚持信念、发扬斗志、不断自省、勇于创新。不是说一出来就要办公司，不办公司就比别人落后了。你先出去工作再去办公司也是创业，去美国留学也是创业。

谢谢大家！

大学生创业的理念和关键选择

时任零点咨询集团董事长　袁岳

想创业的人不一定适合创业。怎么知道自己是否适合创业？我想通过对创业意识的分析，帮助同学们认识自己想创业，是简单的冲动还是一个计划？是一个想象还是一个理性选择？是否有可能转化为行动？还是只是一个梦想？

把创业当做一门课

当今社会进入第四次创业高潮，政府为了减少在经济发展当中的社会不稳定因素，对创业有了更多的支持。同时，国际上很多资本也想把握中国的创业机会，更看好在中国的创业概念。这是对我们非常有利的条件，我们很有可能获得资本。因为大部分学生创业者并不具备货币市场的资本，有的只是技术资本和人力资源资本。

同学如果想创业，不一定非要自己费脑筋想一个计划，在全世界转转，有很多模式都可以拷贝到中国来赚钱，关键是要和本地的需要密切结合。创业需要有快速复制的能力。例如，目前建设新农村，农民最痛苦的是什么？是假种子、假化肥和假农药。如果你做一个农村的生产资料超市，连锁品牌的，农民就很乐于接受，因为普通消费者是愿意接受品牌服务的。此外，创业机会也不一定都在高科技之中，有时创业资源可能就在我们的生活周围。例如，一个有两三千户居民的社区，每个月要支付七八万元让环卫工人清理垃圾。而现在由“垃圾帮”来承包，一年反倒交给小区20万元，而且他交了这个钱还可以赚钱，北京“垃圾帮”的总营业额差不多是40亿到50亿元。

80%的创业其实是一个小买卖，你可能开一个小餐厅、小咖啡厅，或做美容服务。可能就是我们周围的资源，加入我们对它的组织、整合，就做成了生意。大部分的生意是没有VC、没有外来投资的，也没有快速的成长，可能就是保持稳定，有钱赚。但它比我们学校里的很多课有价值。因为当你真的开始创业，你面对的是真的消费者、真的用户、真的伙伴、真的社会资源拥有者、真的税收、真的地痞流氓，这些都是真的社会知识，大家缺乏的恰恰就是这些真实的社会知识。所以，今天我要和大家分享的第一个创业意识就是：把创业当做大学里的一门社会知识课。

创业成功的条件

创业成功有三个基本的条件：第一，没有太多的选择。这样你就会专心致志在一件事上。如果有无数选择，就什么事都想做。首先你不容易做好，另外，你也很难表现出对一种东西的热情，以至于可以感动他人。最近我在博客上写了“坚持一股不炒”。不炒股的原因是我没有什么心思炒股，我的原则是不做没心思的事，我要做一件有心思、有热情的事。创业从来不是开始的一刹那，是需要不断聚精会神、不断延续的过程，否则什么是百年老店？一个老店，任何时候都要和前卫的东西相关，什么时候松懈了，就不前卫了。第二，肉体、神经都要坚强。创业首先身体要好，要为自己的健康买单，而且还要透支。其次，神经要坚强，压力来了，员工可以跑你不能跑。有事了，一定要和没事一样，要一脸阳光，你还要看起来是“太好了，事终于来了”。第三，敢于担当责任，当断则断，要有做决定的勇气。中小企业创业，一个基本特点就是短平快。你脑袋拍得快就是你的，慢了就是人家的。当然拍错了是人家的，拍对了是你的。

其实创业,你一定要想着成功,万一错了、死了,没有关系,再创一个,决断非常重要。对小企业来说,基本的模式不是靠系统、科学的决策来抓住机会,很多的时候要依靠你的直觉、快速的决断力。

这三个条件,通常是一个创业项目是否能够活下去的基本条件。如果这三个条件没有,也没关系,为什么? 你已经把它当作了一门课。人就是这样,有的事情,你一辈子没有练过,你就不甘心。你们都是身体好而创业成功的,我就是不服,我是第一个身体不好而创业成功的,有人会有这样的想法。你可以先在学校里面练练手,先创一个试试。万一创业之后身体就好了呢? 关键是你要知道创业成功对哪些方面有所要求。身体不好,可以找一个身体好的伙伴合作;不懂技术,可以找一个懂技术的;神经不好的,可以找一个神经好的。创业不是你一个人的事,可能是一个团队的事。今天的社会不可能一个人把所有事情都搞清楚,可以找人协作,我不足的找其他人补足。这样至少解决了三个问题:第一,现在给我钱也不想创业,只想以后踏踏实实就业,那么你就业的时候比那个心里一天到晚想事的人要好。第二,想创业,那么你的弱项是什么,需要和什么人协作,你可以把这个创业准备变成一个寻找创业伙伴、寻找创业资源的事。第三,在创业的实际过程当中,你会有一些切身的感受,知道像我这样的人,在创业的时候,可能要注意一些什么东西。而这些东西,当你明白了,回头再看在学校里面应该学什么,甚至应该在校外学什么,在校园的资源里面整合什么东西。

选择大市场还是小市场

对大部分同学来说,可以创业的生意,都是针对小市场,甚至很小的市场。虽然我过去和大家说,做生意的过程瞬息万变,都是短平快,但还是需要一定的理性,要对市场进行分析。

我看大家创业计划的时候,发现都有一个共同的特点,就是实际上只能做一个小市场,但是计算的方法,却是使用针对大市场的计算方法。真正的市场不是这么表现的,真正的市场是高度细分的。通常我会建议,把你的产品所看中的人群做一个细分的选择,然后你在这个人口中,找少数的真的消费者探讨一下:像我这样的产品、这样的服务,你是否会用?

对大学生创业来说,真正有可能获得支持的,往往是那些能够清晰、有效地描述出一个较小的市场,而不是大市场的项目,除非你能从少数的政府基金拿到钱,但大部分情况你是不容易拿到钱的。站在生意的角度来说,如果没有明确的目标消费群体,你的创业将来也会有问题,因为你打枪的时候都不知道哪个是你的靶子。所以创业要回答的首要问题就是,在非特权的市场上,谁是你的消费者?你要满足消费者怎样的需求?

注重市场还是注重技术

大学生创业,尤其是理工科的同学创业,有一个明显的倾向,认为有技术、有一个好的产品,就一定有市场。实际上不一定,或者正好相反。原因是什么?一般来说,好的尤其是新的技术,往往是不成熟的。一种新技术,特别是元器件或者是和其他产品配套的技术,很重要的是看它和其他产品的兼容,如果只关注这个产品的本身,没有解决市场实用性以及和其他产品的配套,是很不够的。

其次还要注重产品在心理层面被人接受的模式。一个产品虽然在技术方面有优势,但如果它和消费者的使用习惯或者是审美观相悖,销售还是会有问题。比如说,一个在你看来很好的产品,消费者却不需要,原因是他听不懂你说什么,所以你要有一个特别通俗易懂的说明书,要让消费者一下子就明白卖点。不管技术多复杂,只要有一点抓住消费者的心,你就能卖出去。

很多同学在学校里面有一定的科研能力,但是你们研发的产品有时是浪费的,因为你们进行科研的前提,是认为只要自己做出产品就可以卖出去。我们换一个脑筋,如果首先进行概念研发,然后再朝技术方向研发一个产品,市场的成效就会很不一样。目前,万科的主要房子都先做概念研发,设计师根据概念研发来做实房的研发,而且要把房子做成一个真的房子,放在他们房子实验中心,把他们的目标消费者请来,问这个房子他是否喜欢? 2006 年,他们共进行了 124 场的消费者调查,很多人都说这个房子就是我们想要的。而过去,40 个房子里面只有 1 个是消费者想要的。

每个同学的精力都是有限的,我们是从自己的艺术倾向、灵感爱好出发,研发一个可能只有很小市场空间的东西? 还是一开始就从我们想影响的消费者中间,找到一个有潜力的概念,然后进行研发? 这是两个很不一样的路线。前面的路线,会有高度的浪费,这也是我们国家有 85% 的专利无法转化的最重要原因。中国的专利发明,带有很强的个人游戏的性质,但是没有衡量市场。而美国的专利转化率很高,因为 70% 以上的专利,本身来自商业战斗,本身就有很明确的商业价值追求在里面。所以有技术发明能力的同学,我觉得你们要多少花一点时间去了解市场,与你要卖给的服务对象、消费者、用户有所沟通,对他们有所了解。

单枪匹马还是团队协作

创业的时候,一些同学会找好朋友一起创业,一些同学会选择独自创业。其实每个人都有某一方面的长处,但是短处实际上要比长处多得多。创业的时候,当你作为一个法人去面对社会,杂七杂八的事都会找你,这时候单靠你会的一点东西,很难应对。你需要不同的人才,从不同的角度和你进行讨论,从不同的角度给你建言,这样可以减少很多决策上的失误。

人一辈子找到好的创业伙伴是非常不容易的,如果你真的有几个好的创业伙伴,那么同样一个产品和其他人相比较,你的成功周期或者说你获得市场的可能性会大很多。我个人有一个体会:要干的事,必须是喜欢的;但创业伙伴,不见得是你喜欢的。有些人,可能他的人格特点和做事方式你很不喜欢,但就你做这件事来说,你非常需要,那么他应该成为你考虑的对象。大家一起做事,关键是同事并不需要同仁。在事上可以合作就可以了,没有必要一定要成为好朋友。

圈钱和投资的合理性

很多人一想到创业,就会想是不是先弄一个概念圈点钱?我不反对,只要你有本事。真正的商业概念,客观上是为消费者服务,本质上都是圈钱。但是,圈钱也有原则和讲究。我知道一些同学肯定在想,这帮投资者都挺傻的,我乱写一个计划书,他就给我钱了,脑子都有问题。我可以跟你讲,你只要自己写计划书的时候暗暗发笑,就不可能拿到钱。原因是什么?一个商业计划写得好不好,首先要看能否把自己感动得热泪盈眶。如果连自己都感动不了,根本不可能感动别人。那些 VC 的人,手上的案子多得很,门道非常精。一般他会看你三个东西:第一,卖给谁?第二,你的模式是什么?能不能复制?第三,你总共需要多少钱?我看很多同学写的计划书,这个需要 1 500 元,那个需要 2 万元,都是假的,预算的时候一定要有零有整,最好算出小数点。有零有整,让人感觉你是花了心思。所以大学生圈钱,首先你要认真做一个计划书,哪怕这件事不是太有谱。

商业创业还是公益创业

一般我们说创业,大部分是指做生意。一些同学其实对做生意一点兴趣都没有,他更喜欢关心小动物,更喜欢关心小孩子,更喜欢关心环保事业,更喜欢做杂七杂八的事。怎么办?这就是我们下面要提出的社会公益创业。我们最近和洛克菲勒、上海的大学生创业中心、北京的若干个大企业商议，将会办一个大规模的大学公益创业。这是什么模式？和商业创业的区别是什么？它不是让大家去办一个公司，而是利用我们现在校园的条件，鼓励大家建立关心社会事业某一方面的学生社团。你需要告诉我们你关心什么，为什么关心，准备用什么方式来进行工作，这些工作的开展思路是什么，你大概建立什么规模的组织，需要多少钱。和商业创业相似的是会提供给你资助，这个资助相当于你的种子钱，另外会提供给你一系列的培训，告诉你如果做这样的社会公益事业，如何招募志愿者，如何培训志愿者，如何维持志愿者的高热情，怎样设立项目，项目怎样筹款，怎样管理，怎样评估成效，诸如此类。让你同样做学生社团，但做法和过去有很大的不一样。

做社会公益创业对你的未来有什么帮助？中国社会现在面临改革，政府的职能不断调整，将来会发展成由 NGO 来负责。当你毕业踏上社会后，你可以做 NGO，你有资助渠道，你已经不是大学生，你创立的 NGO 还可以从一些机构拿到钱。此外，现在的企业知道要承担社会责任，但是和公益相关的部门如何管理？需要什么样的技能和技术？他们找不到这样的人才，你在学校有这样的基础，将来就可以在这样的部门里面就业。即使将来你不在公益部门就业，你去做商业组织，有这样的经验，对你创办商业公司也有很大的帮助。我相信未来三到五年，有一些人可以借社会公益创业成名。在社会公益创业里面，即使只做很小的一些事，你都会成为很有影响力的人，你可以利用影响力去做更多的事，获得更大的资源。

让就业带有创业的特性

假定我们一些同学，经过创业，证明自己不适合创业，只能就业，但是心里又有不甘心，怎么办？可以尝试让就业带有创业的特性。30 年前，西方出了一个新名词叫人民资本主义，一个是因为股份制使工人成为公司里面的股东；另一个就是更多的企业会让关键的员工在发展到一定程度以后，通过购买或者是获赠股份，成为股东。在组织社会学中有一个词，就是说一个人，当你拥有的技术、资历和其他的关键技能，达到一定的程度以后，你不仅是作为一个员工存在，实际上你是一个管理资产。这个管理资产的重要性达到一定的程度，企业对你这个管理资产的依赖度很高，尤其是你的离开对这个公司的运营会有很大的影响，这时企业的管理者往往会因为要留住你而给你股份。相当一部分的核心员工，因为在管理结构中专属资产水平的提高，从而由打工者变成企业的股东，甚至是比较重要的合伙人之一。这种情况在人力资本密集的工作，比如服务行业、咨询公司中，表现得更为明显。对那些不想抛头露脸、不想损害身体健康、不想损害自己的神经、不想担当创业风险的同学来说，可以通过发挥自己独特的职业技能和职业知识，提高地位，从而挣得你在管理架构中的地位，这也叫就业带有创业的特性，尤其是你的敬业精神、你的专业知识和你的技能达到核心程度的时候，你同样有可能获得类似创业者的位置。

创业需要朴素的人情世故

大部分的创业，一开始并不需要真正的管理知识和管理技能，只需要朴素的人情世故。今天在座的大部分同学是独生子女，而那些掌握管理资源的，基本上是非独生子女的最后一代。人家比你的年纪大，你还不服人家，不行。像我自己，要想让公司发展，就要学会装孙子，你不学会装孙子，人家就走了。其实独生子女只要懂得一点人情世故，就会增加职业竞争力，帮助你获得资源。泡泡王之所以能拿到第一笔3 000万元的投资，因为给他投资的人认为这个孩子非常懂事。他经常帮人家拿包和衣服，衣服掉到地上，他帮人家弄干净，又发现掉到地上，就索性拿到手上，放在身边。结果投资者觉得如今这个年代，这个孩子能这么做，简直就是稀缺动物。

对创业的人来说，忘年交非常重要，要结交年龄比你大的人和年龄比你小的人。年龄比你大的人,比如五六十岁的人,这时候他很想发现一些很有希望的年轻人,把自己的资源转移给他。我以前在洛杉矶遇到第一位华人女市长李宛若,她就说:“我现在看到年轻人,就特别想把我的朋友都介绍给他,这样他们就会发展很快。”所以如果你有忘年交的朋友,你获得帮助、指教、点拨的可能性就很大,你可以极大地缩短自己摸索的时间。结交年龄比你小的人——因为你将来面对的员工可能比你更小——你可以很好地理解更年轻的人,了解一些新鲜的东西,知道他们的兴趣所在。此外,你在大学里面,那些与你同级或者比你年级高的人,肯称赞你的很少,你只有在新生来的时候让他们参加,你才能马上有地位。所以你 24 岁,应该有 14 岁的朋友、44 岁的朋友,甚至有 84 岁的朋友,忘年交是你很重要的利器,使你理解不同年代人的人情世故。他们不见得什么都和你讲,但他们会告诉你怎么做、怎么说,可能讲一句话就够了,不需要讲得很细。那些经历过那么多事的人和你讲的话,一定有许多道道在里面。

我们创业的时候,面临很多未知的人和事,所以创业的人,我认为更像 T 字型结构的人才。你虽然要专注做一件事,但同时需要你有较广的见识,包括很多其他学科的知识,了解不同地域人民的情况。一些消费者虽然不是你的目标消费群体,但就你个人认识的兴趣和掌握的知识面来说,你多少也了解一些。人家和你说话,你不见得很精通,但至少可以和你说通。有见识的人,虽然定向只有一个,但可以把不相关的东西、比较遥远的资源放在这一个方向上实现突破。没有见识的人,只朝一个方向走,非常辛苦;碰到问题,思考、解决的方式只有一种,实现突破的可能性很小。所以,尽管我们说创业的突破和成功需要聚焦,但为了把一件事说得更合理,比别人做得更好,我们需要比别人拥有更广的见识。

提问:请问大学生创业,客户目标是应先放在校内还是校内加校外?怎样采用扩张战略?

回答:校内还是校外,关键看谁是你的目标消费群体。目标消费群体是校外人员就做校外,是校内人员就做校内。通常我们选大学所在地的周边,或者在大学里面,会比较方便一些。我自己在大学里的第一次创业,就是在大学里面开馄饨店,晚上同学下课之后都来吃,这也挺好。

提问:请问怎样防止别人拷贝我的商业模式?

回答:一般来说,你没有办法防止别人拷贝你的商业模式,你的成功往往取决于你的推广速度。第一个推广者就被认为这个模式是你的,其他的人跟进,消费者接受也有障碍。如家做了第一个,模仿者再学就很难达到这个程度,模式是一个心理优势。如果是一个好的模式,最好可以找到一定规模的投资,有助于你快速地扩张。

提问:请问理工科的学生应如何培养创新意识?您刚才说您非常擅长挖掘事物背后的东西、本质性的东西,我相信这个需要很扎实的基本功,您又说大学中的成绩不必很好,这两种说法是否矛盾?

回答:创新多少需要有点天分,我自己也不是一个特别具有创新性的人,但是六年前我给自己定了一个目标,每天做一件新鲜的事,培养创新的习惯。如果你是一个很有想法、很有专注性的理工科的同学,你要创业,我的建议是找创业伙伴。他在营销方面很有想法,你们做伙伴,这比你同时具备不同的特性容易。我不鼓励大家在学校一味追求成绩好,是因为学校传授的大多是书本知识,这些知识,大半你听了之后一个学期就忘了。所以我们更多的是要培养自己的技能和工具性的能力。很多事物在我们眼前流过,有的人会追究一下为什么。知识分子和非知识分子的区别,不是学历。一个知识分子,即使没有受过大学教育,但对经过眼前的东西会追究它是什么。即使你有很高的学位,但是你没有研究的能力、没有研究的爱好,你就不是知识分子。因为经过你眼前的事物你总是说不清楚,你写的论文别人看不懂,没有任何的价值。这种能力在生活中是可以培养的,保持对事物的探究心理,比多听几堂课、多考几分强很多。

提问:请您比较一下政府类的创业基金和大公司的风险投资基金的优劣。

我们在创业的时候,该如何选择风险投资?除了他们提出的苛刻条件,我们还应该考虑哪些问题?

回答:一般政府的钱比较好拿,政府有一些门道和规矩,你只要吻合就可以了。企业的一般比较严格,比较懂行,如果你可以通过,说明你的项目不简单。如果同样的项目,拿到比较好的 VC 的钱,再去拿其他人的钱,就容易一些。拿到 IDG 的钱,再和别人说,人家会认为你是比较有水平的,因为 IDG 给你钱了。

提问:从事咨询行业需要哪些素质?

回答:搞咨询需要的素质和你学的专业没有关系,但是有三个基本的能力素质。第一,能够一下抓住要点讲事。解决问题不是真正地找出问题,重要的是抓住症结。第二,要擅长把事情说得很系统,要能自圆其说。第三,要善于与人沟通。做咨询,70% 在于说,如果你满腹经纶说不出来,就做不了咨询,只能做教授或者是社科院的学者。

创业还是打工

乾龙创投合伙基金的创始人和合伙人　查立

关于打工

现在总是在广播里听到,电视里看到,书里、杂志里读到,大学里面有“职业生涯规划”这么一个词。年轻人听了这个词,大学毕业找工作,理想当中是找一个像微软、苹果、IBM 这样的大公司,从最底层做起,一步步往上走。然后工资一点点加上去,还要买房子、结婚、生小孩,需要稳定,职位一点点提上去,经理、地区总监,一步步往上爬,最后当到公司副总,差不多也要退休了。

职业生涯规划,我一看到这个词就很悲伤。每个人都有梦想,世界上有很多机会是我们想不到的。如果可以规划好,我一出校门就进一个大公司工作,加点工资,升点职位,一直到退休,这简直像无期徒刑。我们的梦想去哪了?什么时候我能实现我的梦想?这是我的个人偏见。我觉得,人生的职业生涯,如果我们有梦想的话,应该放飞,而不是简单规划。创业很多事情是预想不到的,人生当中也有很多事情预想不到。我在大学的时候从来没有想到有一天可以和大家讲创业,我读大学的时候也没有想到去创业。现在我回过头来想,如果人生可以重新来一次,我一定在大学里就创业。因为创业,是一件真正可以让人花一辈子的时间都做不完的事情。我的话可能有点吓人,但现在中国的经济大环境,包括世界的环境都变了,世界变得很平了。在中国,大学生的前途现在是一个巨大的社会问题了。过年前,我在北京投的一个公司,公司里面招了20多个大学生。公司老总安排他们工作的时候我觉得很悲哀。为什么那么多人抢这个工作,工资很低,不到2 000元的职位会有大量的学生来抢。我一看我们隔壁的房地产,一平方米5万多元。这些大学生干一年,不吃不喝都买不了一平方米的房子,大学生还要这么干。这一辈子真就像无期徒刑。

怎么样可以赚更多钱呢?创业。创业干什么?实现理想等等一大堆,但有一个很重要的因素就是赚钱。不赚钱的公司,我们不投,我们一定要找到能赚钱创造利润的公司。这些公司在这个社会上是有存在的价值,是值得我们去投资,让它扩张发展得更快,然后上市,去成为中国的500强,世界500强。大学生一出校门,他们的生存情况使我想到,创业可能是大学生未来值得思考的方向。

我有打工、创业和投资的经验,我也在很多家跨国公司里面工作过。工作还不错,但后来还是去创业了。我创业比较重要的一个原因,就是不满足大公司的工作环境。我不喜欢加班,不喜欢大公司里面的"职场斗争"。那里不需要你们太优秀,但是需要你能够搞好关系,保持平衡。我自己觉得我还挺优秀的,我每天早晨一般不迟到,到下午五点半我的工作也肯定完成。但公司里面永远有一些人早晨十一二点上班,说昨天晚上加班,第二天迟到是理所应当。他们工作效率没有我高,其实是不想做完,想留在公司混一顿晚餐,加班还可以拿加班费,晚上大家走了还可以利用公司的设施做私事。我对这些没有兴趣,我上班早晨准时到,下午下班时间我任务完成,我就走。但是我每次走的时候,我知道,只要我站起来走出去,后面会有一堆人在议论:这个人又走了,一点团队精神也没有,没有奉献精神等等。

每到一个大公司都有这样的现象,没有勇气的人跟着混。我创业,我的公司包括现在的投资公司我们不加班,所有的事情上班做完,下班去娱乐,这样你才可以有更旺盛的精力去工作。创业有很多的原因,我创业的其中一个原因是不满意大公司的工作环境。一个很简单的原因促使我创业,我最初创业也没有巨大的梦想,只想到,我还很不错,我就是要做我的公司,跟原来的公司不一样。如果我们去打工,包括很多同学将来去打工,相当一部分会走到大公司。我自己对大公司的环境等,有很多个人的偏见,所以我希望这些同学去了大公司,能够带着一种独立的眼光,独立思考,去体验在大公司的生活。

关于创业

脸谱(Facebook)的马克·扎克伯格、微软(Microsoft)的比尔·盖茨、苹果(Apple)的史蒂夫·乔布斯、戴尔电脑(Dell)的迈克尔·戴尔、甲骨文公司(Oracle)的拉里·埃里森,这五个最牛企业的创始人有一个共同特点,都是没有毕业的大学生。

马云、丁磊、陈天桥、马化腾、史玉柱,也是中国今天创业的领军人物。这五个人也有一个共同的特点,都不是好大学毕业的。他们每个人当年都可以买房子,但他们用买房子的钱成立了公司,创业了。如果他们当时花了50万买了房子,现在还在继续还房款,当房奴。马云50万创立了阿里巴巴,丁磊50万创立了163,陈天桥50万创立了盛大,马化腾50万创立了QQ,史玉柱50万做了脑白金。中国人现在都在买房子,以为买房子将来就会发财,不买房子的人干成了大事业。

创业=idea+人

建议你们向牛人学习,不要打工、买房子、做房奴,要创业。创业能够成就大的事业。什么是创业的第一步?创业当中最重要的,首先要考虑的是什么?

这是一个电脑鼠标,现在,到处都是鼠标,人手甚至不止一个。至少所有大学生人手一个,城市里的人都有鼠标。企业、公司都有鼠标,这么小的鼠标应用这么广泛,你发明鼠标可以赚很多的钱。鼠标是不是一个好的创意?绝对是好的创意。但是鼠标这个好的想法,1960 年就已经被注册了专利,有人想到把这么好的创意变成技术,又把技术变成专利,受专利保护。照理说,这么好的东西我们赶紧做。但是这么好的想法,没有人知道它有什么价值。它的第一次商用是在 1982 年,在专利库里睡了整整 22 年。好的 idea,真正好的 idea,通常是不能立刻被别人接受的。要是大家都说好的 idea,这个 idea 就不值钱了。鼠标的 idea 好吗?好。值钱吗?不值钱。真正好的 idea,在它产生的时候,大部分的人很难认识到它的价值。这也是为什么好的想法,要去找。因为好的创意里面存在着潜在的爆发力。一旦找到它的商业应用,一旦找到它的市场,它会爆发出巨大的商业价值。

这是一台服务器。破破烂烂的,一点都不稀奇。这种服务器现在很便宜了,每个人都可以买几台了。Google 在这个上面待了四年,这么一台简陋的服务器。

这是第一台 Apple。如果今天有人进来说,我发明了非常棒的一台电脑,我们可以看到它的价值吗?上面这个一看就觉得很漂亮、很棒。但创业的精彩之处在哪里?就在于它是一个神话。所以创业者最初的 idea 在很多情况下是别人不认可的,你要坚持。创业者,必须要有非常独立的意志和信念,他要能坚持,要能发现价值,然后实现这个价值。

创业的第一步,我们要有一个好的 idea。有人说,创业是要有钱的。创业最初需要的是 idea,不是钱。有团队也没有用。创业必须要有一个好的 idea,不能空想我是有激情,我们几个人想创业。创业,一定要有具体的 idea,你要干什么?要做什么?最好你的 idea 是 great idea。大排档也是创业,但相信很多人不会开大排档。现在我们是创新创业,科技创业,这样才值得我们用所有的时间精力去实现一个梦想式的创业。

Idea 这个事情很奇怪,前面讲到了好的 idea,如果人人说好的 idea,这个 idea 早就过期了。你能找到那些非常独特的好的 idea,这是很难的事情。所以好的 idea,通常最初没人理解。反过来说,人人理解的一定不是好的 idea。

创业,必须有信念,你得相信自己,你得坚持走下去,你得向世界证明你的 idea 是正确的。

一个简单的公式:创业 = idea + 人。光有 idea 不行,得有人做出来,得有人执行。

在座的各位,有没有 great idea? 你是不是愿意把 great idea 向世人证实的那个人? 每个人都问问自己这些问题。从这些问题当中你可以判断出我到底去打工还是创业?

把一件事做透彻,不断寻找新的机会

前面讲了 Google 和 Apple,都是国外的。在中国,情况和美国不完全一样,有历史原因、环境原因、文化原因,等等。

如果今天有一个 90 后的小姑娘过来,没有读过大学,说口袋里有 2 000 元钱,要创业,搞一个清洁公司,我肯定不投她,既没有技术含量,也不是一个很精彩的行业。这里面的竞争对手到处都是,农村来的阿姨都是她的竞争对手。过了十年,同一个小姑娘又来找你。说我的公司 2010 年做了四五个亿,五千多员工了。2010 年上海世博会里面美国馆、法国馆、英国馆的清洁工作都是我做的,我的公司随时可以上市,你投不投? 我就不问了。第一次找我的时候,我肯定不投,这次不用问,我肯定投的。现在回答大家的问题,她怎么做的? 她的故事很精彩。她的背景刚才讲过了,她真的是做了清洁公司。

世博开幕前一阵,有一天我进到园区里了,那时候世博还没有开始,里面空空荡荡的,我到处逛。逛了大半天,下午要回去的时候,在园区门口碰到她了。

我说:“你来干什么?”

她说:“我们今天来美国馆测量场地。”

我说:“我可以和你一起进去吗?”

她说:“可以。”

跑到美国馆门口,一敲门,进去之后就开始作业了。走了一圈,目测加记录,出来一叠报价就出来了。里面有多少面积,总共有多少材料,需要多少人工,需要多少时间,需要用哪些清洁器。因为里面有木头、地毯、大理石的,需要不同的工具。我突然意识到她的价值。她把清洁这件事做到了极致。我投了很多公司,我们每次也要找清洁公司的。从来没有一个公司帮你看看,你到底有多少面积,你有哪些材料,需要多少时间,最后给你一个报价,这件事本身就说明她跟所有人做得不一样,她可以把这么平凡的事做到极致。这么大的机会从我们眼皮底下溜走了。

在中国,机会不是只有高科技公司,各行各业都有。像清洁这件事,也可以做出这么大的公司。这个公司,一两年肯定会上市,市值很高。一大堆投资人挤在她旁边。好的公司上市并不是它的目的,它愿意上市就上市。股市比较好,公司市值很高,我们上市。好的公司的创始人有选择权,可以选择上市或者不上市,去哪里上市,哪个市场上市,什么时候上市。这是一个真实的故事,她叫黄颖。

创业,并不一定要有很多技术,不一定要有什么学位。你有技术当然好,名牌大学毕业当然好。关键看你怎么做。即使说你没有非常好的 idea,当清洁工也可以做出一家伟大的公司来。

我上周给她介绍上海交大的科技园区,上海交大科技园区需要有人来做餐厅。黄颖的业务很有意思,做了十年,前面五年就是做清洁,给大公司、跨国公司、世界 500 强做清洁。这个公司很快有第二个产品出来了,因为他们给大公司做清洁都不是在白天,是等晚上所有员工下班回家,半夜进场,凌晨退场。她的员工有非常好的服务意识,很多员工回来向老总汇报,今天我们做的公司,某些地方有安全问题,门、窗等等。因为做清洁工,他们所有的地方都知道,而且进去都是晚上没有人的时候,会发现一些问题。老总觉得又有机会了。不久以后,他们又开发出一个新的服务产品,就是给大的企业做非常专业化的保安网。

创业,很重要的是不要异想天开,想和自己不相关的事。他们第二个产品出来后,先找现成的客户说,你对我们的清洁服务满意吗？对方说很满意。我们有新的保安业务,你们现在也有保安公司帮你们做服务,你不需要炒掉人家用我,只要给我机会,你们合约到期的时候,你让我有个机会来竞标。结果原来用他们清洁服务的公司,又成了保安这项业务的客户。过一段时间,他们又发现机会了,大公司里面人很多很杂,中午有些人出去吃饭,有些人打个电话叫外卖送进来。吃完一丢,过一段时间地毯脏了,虫子、蟑螂、老鼠都来了,影响员工健康。于是他们又开始帮公司做非常专业的餐厅服务,根据这个公司的文化和员工的需求定制餐厅。餐厅里面除了提供饭菜外,还有咖啡和茶。一个公司有了自己的餐厅,会提升员工间的交流,为这个企业带来有利的因素。同样的方法,再去找原来的客户。又有相当一部分的现成客户变成第三个产品的客户。这个创业者也很简单,她不是从 MBA 或者从学校里学来的,是天生的,或者说她从服务客户的角度,不断地寻找新的机会。

创业,idea 是起步。从小做起,即使像 Google 这样的公司,很简单,就是把搜索引擎做到极致,从一件简单的小事做起,把一件事做得很透彻。创业公司都是小公司,很多创业小公司因为公司小,就像中国人做了很多网站,都变成门户网站了。在国外,很少有门户网站。我做一个网站,流量不够,我可能做一些新闻,大家看新闻多就加新闻。新闻没有黏性,加一个电子信箱。之后觉得都不好玩,就做游戏。这使很多中国的网站变成了门户网站。仔细分析,这些网站的流量很大了,你在游戏上、你在新闻上、你在财经上,这里面都是小的,都不是大的。中国人喜欢开大排档,不喜欢开精品店。这也是一个原因。中国出不了像苹果这样的大公司。要做成大公司,只做一件事,把一件事做透彻。

创业还是去打工?

每个同学都在想,将来创业还是去打工?

选择一:创业。只有创业,你才能够实现自己的梦想。成功的创业,使你有很好的经济回报,你可以赚很多钱。赚钱并不是件坏事。一个人自己可以花的钱,就是三顿饭和晚上住的地方。就像我一样,第一次买房子的时候,回想起读书的时候、打工的时候,搬过多少次家,每次搬家扔掉多少东西,就像无家可归,终于买到自己的房子了,有一种满足感、成就感。人能为自己花的钱其实很有限,但是一个好的企业可以产生巨大的利润。这个钱,你可以自己选择,你可以买无数的房子,也可以建设希望小学,你也可以像比尔·盖茨、巴菲特等等一样,做公益基金,这都是每个人自己的选择。创业,确实能够带来巨大的经济上的回报,比你打工不知道要多多少倍的钱。

选择二:去大公司打工。

选择三:加入创业公司。我觉得想要创业的人可以选择这第三个选择,你可以加入一个创业公司。很多人说创业没有经验,需要去大公司积累经验,我个人觉得这是错的。因为大公司里面学不到创业公司的经验。你如果真的想创业,你去加入一个创业公司,在创业公司里面你可以学到很多创业公司需要的知识和经验。

创业公司的环境和大公司不一样。创业公司工作的环境远远不如大公司,创业公司的工作待遇、工资等也不一定有大公司那么高,但是创业公司里面有很多的机会。创业公司有股票,像苹果这样的公司创业,你当然会加入了。即使你是一个前台或一般的技术员,今天也是百万富翁、千万富翁。小公司有高度发展的机会,对个人来说很重要,小公司个人发展的前途远远大于成熟的大公司。小公司里面只看你的能力,不看你的学历。你如果说相信自己的能力,能够投入足够的精力,能够体现你的才华,你马上会被提拔上来。

去小公司的人和去大公司的人不一样。大公司面试通过以后,应聘之后就上班了。小公司的人需要有不同的心态,你到艰苦的环境中,你同学在大公司里工作,你会有失落感。所以小公司的人要有积极、向上的心态。小公司变化很大,出来新的机会,马上会研发新产品,需要你迅速地换到另外的工作岗位上,你需要有应变能力和积极的态度,能够随时接受变化的挑战。到小公司以后，你自己要有一种主人翁的心态，也就是创业的心态，变成创业团队的一部分，而不是简单的打工者。只有你有了主人翁、创业者的心态，你才可以真正地融入到一个创业公司中，发挥你的价值，你的价值才能被团队认可，最后得到回报。在校的学生，怎么培养自己创业者的素质呢？很多同学家里是父母给钱来读书，第一步，把自己的期待减退了，不拿家里钱自己生存。只有自己生存的时候，你才会考虑到很多创业所需要考虑的问题。

总结一下，我个人认为大学生创业要考虑几点。第一点是不跟家里要钱，自己独立生存。第二点考虑将来如果自己不马上创业，去一个创业公司锻炼，而不去大公司。应该把去大公司打工作为最后的选择。

创业者需要的素质

创业需要一些素质，而且需要把这些素质不断地放大、放大、放大，才可以真正地创业成功。这是我们总结的一些创业者的素质，这不光是创业者，每个人生活在这个世界上，或者你加入了一个创业的公司，你需要去发现和锻炼这些素质。其实，每个人都有这些素质，只是说我们需要唤醒、激发这些素质，把它放大。

1. 创业者，一定要有独立的思考和判断。

2. 动手其实比动嘴、动脑更重要。

3. 创业者要坚持，不怕挫折。

4. 创业是一个团队的事情，创业者需要有领导能力，需要锻炼他的领导才能，他才可以带领团队去创造一个事业。

5. 需要在实践当中不断地学习、调整，需要判断能力、直觉和分析能力。

6. 创业需要挑战，挑战自我。到底创业还是不创业？战胜自己才可以走出这一步。你做怎样的公司？是否可以在商业当中脱颖而出？你需要挑战你的行业，挑战你的竞争对手，才能把这个公司越做越好、越做越大。

7. 创业者需要有一些精神、信念才可以支持他奋斗。所以他要有使命感，要改变社会、改变世界，给消费者带来一种更好的体验。

8. 诚信，对社会有益。新一代的创业者要有诚信，要有社会责任心，需要做好事。除了想自己的idea，找一个天使投资人为你们提供资助、基金外，更重要的是要培养自己的素质。

提问：*您提到大家毕业的第三个选择是加入创业公司，这个公司是创业的，你怎么知道这个公司是创业成功还是失败，如果成功对你以后有帮助，如果失败对你的创业是否会有误导？*

回答：问得很好。我失败过很多次，远远比我成功的次数多很多。我大部分创业的经验都是从失败当中学到，而不是从成功当中学到。成功，只是多赚点钱而已，感觉差不多。每次创业失败，铭心刻骨。你别想创业一定会成功，大部分的创业公司都会失败的。而失败是一个非常好的学习过程。成功的故事太多了，成功其实不用学的，每天都有各种各样的成功故事从各种媒体渠道通到你脑海当中，使你想到成功。其实成功很难。失败非常容易，如果你没有经历过失败，我不相信你会成功。即使去了不成功的创业公司，即使你创业失败了，千万不要灰心、不要伤心，这是好事情。

心理学当中有个实验，把刚出生的婴儿放在茶几上，他不知道爬到边缘会掉下去。他爬到边缘掉下去，疼了，哭了，哄哄，不哭了。你再放他过去，他爬到边上就不会再爬了。你失败，学到经验就不会再摔跤。勇敢迈出第一步，不要怕摔跤。这次不成功下次，下次不成功再来，再不成功再来，你总有一天会成功的。

提问：*我想更具体地了解一下您的创业历程，比如哪年创业，是什么行业？以及您现在做投资的感受？*

回答：我在很多跨国公司干过。后来创业，第一个创业是做广告公司，做市场的。我创业的时候没有人投资，我们几个合伙人自己掏钱的。从创业的第一天就开始想怎么赚钱,而不是想伟大的 idea。怎么服务客户? 很简单,客户有问题,我们公司虽然叫广告公司,但和中国的广告公司概念不一样,中国的广告公司是帮你画图等等,国外的广告公司是你要找到市场。美国 500 强公司要进入别的国家,有两个区域他们比较陌生,一个他们叫远东,就是指中国、韩国,包括印度、巴基斯坦、越南这些地方;另一个是东欧,那时候社会主义阵营分裂,波兰、罗马尼亚、匈牙利都要开放,但政治体制非常不一样,西方人搞不懂。我正好是从中国出去的,对这边的很多东西比较了解,很容易给客户出主意、出方案,很快找到商机,公司做大了,被收购了。

之后我就想做投资,自己不用干活,别人干活。之后发现,比创业还累。别人干活,我们遥控。别人往东开,你要拉他回来,不知道多累。风险投资里面有很多处于不同阶段的公司,如成熟公司、发展中公司、早期公司。我是专注做早期公司的,有两个原因。第一,做早期公司你必须要有比较多的创业经验你才可以知道公司当中的问题,很自然,你才可以知道怎样处理问题。如果你没有处理过这些问题,你真的很难想象。第二,如果一个公司要做得好,公司的 DNA 一定要对。在中国,大部分的创业公司是年轻人创业,第一次创业,他不知道怎么做。基因搞得不对,等到你公司成型再调很难。早期投资,第一天就把它的基因改变,这个公司就很可能变成一个优秀的公司。

时代成就创业梦想

时任联想集团有限公司董事局主席　柳传志

建立联想

1984 年 11 月，中国科学院投资了 20 万元人民币，我和十位同事一起创办了联想，当年我 40 岁。我是坚决、自愿下海，没有别的目的，就是想探寻人生价值——除了改善生活以外，我到底可以做什么？当时我和所长进行了谈判。我说，所里钱不多，我也不多要，我要三个权。第一，人事权。我们办的公司，所里不能给我往里塞人，给我安排副手。第二，财务权。所里给了我 20 万元，我交了税，如果年底有利润，我们分成，其他该怎么奖励、怎么做，所里不能过问。第三，经营决策权。三个条件所里都同意了。后来发现，这三权对我们日后的发展，起了至关重要的作用。特别是经营自主权，无论多少钱都不如这样的机制重要。

由于有了国家改革开放的大好形势，加上有科学院这样的“好婆婆”，北京海淀区的小环境也不错，加上全体员工的努力，这 23 年来，联想有了长足的进展。2006 年，公司的总经营额是 1 389 亿元，总资产是 651 亿元，职工人数是三万人左右，除了交纳税金，还给股东分红 10 多亿，对当时的科学院投资来说，都是几万倍的回报。

四大举措铸就联想今日辉煌

联想发展到今天,关键是做了四件带有创新意义的事。一是高科技产业化。在联想以前,科研成果是没有突破到市场上的。二是在和国际企业大规模的竞争中,占了先手,打赢了他们。三是股份制改造。四是在企业管理上下大功夫。

具体来说,1990 年以前,国家为了保护我们的民族工业,不让向外国企业进口。如何保护? 高关税加批文。当时进口关税是 100% 多。保护的结果怎样? 大家可想而知。由于当时中国 PC 公司机器质量实在太低,元器件、部件也非常差,机器非常不好用,严重影响了各行各业信息化发展的要求。在这样的情况下,国家从 1991 年开始,逐渐拆除保护的壁垒,大大降低关税,撤销批文。于是,机器就大大地进口,促进了各行各业信息化的发展,但沉重打击了像我们这样价格高、质量差的企业。长城不太响亮了,浪潮做服务器了,上海的东海也没有了,联想也被打得晕头转向。我们怎么活? 在技术不如人家、管理不如人家、资金不如人家、人才不如人家,方方面面都不如人家的情况下,我们到底怎么干? 或者干脆做代理? 经过两个多月反复的讨论和研究,最后决定,坚决把民族工业的大旗举起来。当时一方面是上新装置,另一方面是研究到底怎么做。当时我们把公司的销售模式做了彻底的改革,组织架构做了彻底的改革,把当时 29 岁的杨元庆任命为事业部总经理。从此之后,联想的 PC 业务渐渐地发生了大幅度的变化。到 1996 年,我们成了中国第一位。当时第一位的份额并不高,只有 6.9%,和国外的企业差不多,但领先就很高兴,慢慢地拉开差距。今天联想在中国的份额占 36%,在亚洲也是第一位。全球并购了 IBM,我们就做了全球第三。当然还需要努力,要向第二、第一前进。我们在和外国企业的竞争中取胜,意义还是很重大的,2001 年中国加入 WTO,政策越来越规范,和国外越来越对接,规范化之后我们是否可以斗得过国外的企业?

像汽车行业、农业、金融行业，能行吗？联想这一仗打赢了，对各行业的企业家，包括系统内的国有大企业家，都有一定的精神支持的作用。

国家投资联想20万元之后，联想就是百分之百的国有企业了。我们一开始也挺高兴，国有的经营权我很满意，但到了后来，对所有权大家其实还是有要求的。因为我们承担了各种各样的风险，商业风险、政策风险。国家投了20万之后没有追加资金，贷款也不是他们寻找的，是我们自己找的，企业承担了很多的风险。当时和我一起创业的老同事，岁数基本比我大，担任副总裁等职务。到1994年的时候，感觉老同志的能力已不能适应和国外企业大规模的竞争。但老同志肯定是不肯退的，为什么？在这个位置上有车、有这份工资，退下来就什么都没有了，他们是创业的。但是他们不退，年轻的就上不来，怎么办？股份制改造是非常重要的一个做法。我们经过了长期的、有韧性的努力，采取了创新性的做法，使得创业者和大部分的员工拥有35%的股权。1993年，我和科学院的领导谈，是否可以考虑给我们股权？科学院的领导是“好婆婆”，非常明白这个重要意义，他们同意，但科学院无法决定给不给你股份，因为他不是国家资产的代表者，当时代表者叫国有资产管理局，需要他们同意，这个从无先例，要做到是不太可能的。在这样的情况下，我们和院里的领导交换意见，是否有一个折中的办法，是否可以奖励我们分红权，就是把利润的35%奖给我们？院里同意。这就好办了。我们拿到了35%之后，没有敢分，因为后面怎么样，税怎么交都不清楚，便存了起来，一存就存了七年。2001年，在中央领导同志的直接关怀下，说像联想这样的高科技企业要进行股份制改革，就叫财政部和当时的科技部负责考虑实施。财政部提出国家的东西不能白给，你们要买，把公司的净资产请第三方做一个值，于是我们就用存的钱买了这个35%，真的成了企业的股东。

这里讲的是企业的基础管理。不管哪个行业，都在不停地变。当年和我们一起的老大哥四通，做中文打字机，后来电脑的芯片速度越来越高、存储器的芯片越来越便宜，在这样的情况下，还用得着单独的打字机吗？行业变化，企业战略不变，行吗？我认为这就是基础性研究，这些管理基础的东西不研究,企业很难做长。而我们在这方面下了一定的功夫,所以联想能够几经产品的更换。到2000年,我退到后面,联想由两个年轻人管,我进入风险投资等其他的领域,几年下来做得非常好,这是基础性管理的内容。

三大事件提高中国市场份额

1996年之后到2000年分拆前,我还担任联想集团董事长兼CEO,在业务竞争能力上做了三件大事,迅速提高了联想在中国市场的占有份额。

一、物流

大家很难想象物流对电脑行业非常重要。由于CPU、内存,包括硬盘,这些元器件不断高速更新,所以电脑的价格就会不断地下跌,新型的电脑会不断地涌现。这时,库存成为一个很重要的难题,也就是说,电脑是新鲜水果,不是干果,不能放。怎样加快物流,加快周转将极其重要。我们当时采取的主要办法就是快跑,对当时的市场有一个判断,先少订一部分,再不停地加快速度,中间出了问题赶快调整。到1998年之后,联想下了很大的决心,做了ERP系统。今天的ERP系统已经非常普遍、极其重要,当时做ERP是生死的问题,我们下了突破性的决心把这个事做好。马上物流体系有了重大的改善,使得我们的成本下降。1996年我们就大幅降价,打击了国外的竞争对手,营业额、利润也大幅度提高。

二、强大的市场开拓和服务能力

以前国有企业不重视这些,外国企业在中国也很难做。联想在这样的情况下,预见到之后的龟兔赛跑,第一阶段外国是兔子、中国是乌龟,为什么可以赛赢?在中国的沼泽地来跑,这是中国的特殊环境,中国人都不明白,外国人更弄不明白。第二阶段是在黄土地上跑,我们没有兔子的本事,所以我们在市场营销、市场策划方面花了大功夫,联想这方面的能力非常强,我们一年可以在上千个不同等级的城市进行产品销售的演示会,做出来完全一样,有板有眼,服务的能力也非常强。

三、走技术创新路线

从产品技术站稳脚跟,向核心技术发展。什么是产品技术?这个是我们自己的定义,有的人叫集成技术,就是把成熟的技术,根据市场的需要,把它集成起来,形成产品。以电视机为例,在我国,20 世纪 90 年代上半期的时候,充斥市场的都是日本的电视机,比中国电视机卖得好,价格也挺贵。但到了 90 年代中期之后,中国电视机突然间起来了,有很多的原因,其中重要的原因是中国电视机厂一开始就充分在产品技术上下了功夫。一是电源。电视机电压大家都支持 220V,日本电网电压比较稳,所以不需要在这方面下特别大的功夫。而在中国,城市好一些,边远地区电网电压非常不稳,电压不稳电视的画面就起波纹。这时只要在这方面下一些功夫,电视的质量就能提高很多。二是高频部分。日本的电视台发射功率大、地区小,所以电视机在高频接收放大倍数方面要求不那么高,但中国的高频部分如果和日本一样,接收能力就差了。中国的厂家注意到了,在这方面多加了一些本钱,电视的水平就高多了,这就是产品技术。

电脑厂家把电脑卖出去后,顾客很难上网,原因有三:一要专门买一个卡,插上去;二要配一个软件,这是原来电脑没有的;三要到电信机关登记。联想把这个事研究透了,各个电信机关跑通,卖出的电脑一键上网,这样电脑就大为畅销,市场份额一下高了 7%。后来又推出一键恢复功能,即系统乱了,只要敲一个键就可以恢复。这些不见得是突破性的技术,但对客户来说解决了大的问题。慢慢地,联想机器的毛利率也高了一些。1996 年之后,我们行业的毛利不断下降,1996 年前后是 14%、15%,这几年我们中国同行毛利大概是 9%、10%,而我们还是保持 14%、15%。因为我们的产品技术不断出新,不断有新型的东西,价格适当可以高一些。等人家追上来,你还需要创新。这几年,联想钱多了,上市之后有了基金,我们就办了联想研究院,向核心技术挺进,我觉得这很重要。我们可以一步步走,不要一步登天,这个风险太大。我们走的是高科技的路,走一步,站稳一步,大家的目标是一个,各显神通。我和联想比较喜欢用稳扎稳打的办法,产品技术是其中的一个环节。

艰难创业

联想走到今天,背后有很多的艰辛。公司一开始太穷太小。雪上加霜的是,公司办了才一个月,就被骗走了14万元。当时穷到什么程度呢?出差到广州,16元一天的旅馆都舍不得住。1987年,有一次重要的机会,可以从国外进口IBM的产品到国内来卖,我们要想办法贷款,拿人民币到深圳换成外汇,之后再打到香港,然后才能拿到产品。当时我们真的不熟,我自己到深圳找进出口公司,找到一家,对方非常诚恳,谈得都很好,我就把300万人民币打给他了,然后回到北京等消息。谁知道打完之后,这个人就找不到了。后来终于打听到他家在什么地方,在他家等了两天。后来,这个人追回来了,但我落了一个病,一到半夜两点就会被噩梦吓醒,心狂跳不止,有三四个月一直这样,人的精神受到很大的创伤。

再有,90年代中期之前,我们国家是从计划经济向市场经济过渡的时候,制度不规范,政策在转变,给我们做企业的带来很多的麻烦,包括商业风险和政策风险。在这个时候能够生存下去,需要特殊的能力。记得有一次,我在向朱镕基总理作汇报时,我说我们遇到各种商业风险和政策风险。当时朱镕基很敏感地问我们政策风险是什么意思?我就举了一个例子,就是1987年我们买IBM的机器被骗的那次。我后来做成了,买回了机器,销售特别好,赚了很多钱。当时我们和销售部的经理是有协议的,做了多少利润,将有多少分成。经理本身将分6000多元,他下属很多人分3000多、4000多。大家现在可能不太理解,区区6000元紧张什么?当时我的工资是100多元,这等于是一把手工资的60倍。麻烦还不在这里,而是国家的规定。真要发钱才发现,税务上有规定,如果你发的奖金高于你月工资的3倍,奖金税300%。按300%发下去,我们就把利润都发完了,麻烦就很大了。于是核心团队又一起商量,怎么办?当时有三条路:第一条路是兑现,坚决发,税照交,但是来年的发展就遇到了困难。第二条路是和员工解释,当时没有想到有这样的问题,你们的成绩,我们记住了,今天少发一些,以后陆续补发。这样做的结果就是人家对你的信用程度产生怀疑。第三条路是拿支票换现金,不记账,发了就结束,这样的做法是违背国家政策的。很不幸,我们选择了第三条路,钱是发了,后面的麻烦接踵而至。我们换现金的单位是广东的一家国有实验工厂,一年后他们因为别的事被查出来,查账时把我们这个事牵连出来了。除了严厉批评外,还被罚了9万多元。

90年代初,联想一直做销售,做好之后,就想申请办工厂。当时国家处于计划经济体制,坚决不同意我们办厂,我们研究之后就换了一条路,利用科学院可以到香港办工厂的指标,拿了四个指标。我带了30万港币,在香港办了一家公司,叫香港联想。北京联想是香港联想的投资者。我以香港联想的名义在香港办了一个工厂,生产主机板,就是电脑的主板,然后把这个主板卖到海外,还挺成功。国家电子部的同志到海外访问,路经香港,我们请他参观,看到我们确实赚了钱,就给了我们批文,同意我们在国内也建厂,从此我们就在国内建了厂。后来在香港做得越来越大,楼价、工资很高,因为成本的问题,我们就把厂移到了深圳。移去之后出了一些问题。深圳海关盯着我们一件事,说我们是走私,要给予严重处罚。我们的确是冤枉的,于是就通过关系找到了海关总署。海关总署的人来彻查,判我们没事,但是,当地的海关不高兴了。我们每天从香港有两货柜车的元器件要运到深圳的工厂,加工生产之后再运回香港,在海关要排很长的队。海关别的车不查,等联想的卡车到了附近,就查我们的车,一查就耽误一个多小时。没有办法,我们只得把厂搬到了惠州,惹不起还躲不起吗?到了惠州也不太平。我因为不愿意"有所表示",惹恼了惠州的某个官。他就到我们这里来查,查的时候认为我们进口的元器件和实际数对不上。当时没有做ERP之前,几十万、上百万的元器件能对得上吗?而且是变动的。后来这个惠州官员因为走私石油,被判16年。在制度变更的时候,做一个好人、好企业,真的不容易。好在今天同学们创业,这些事没有了,因为我们国家越来越正规,法律上的东西也越来越规范,执法和立法也好了很多,你们赶上了一个好时代。

创业体会——定目标,善取舍,不拿长跑当短跑

我和我的同事创立联想,总体来说是成功的。为什么可以做成这样?我想了很久,有一条体会,就是我在关键的时候,给我的人生定了一个目标。有了这个目标,就决定了我要往哪个方向走,决定了哪些事我必须做,哪些事我坚决不能做。

我 1944 年出生,1984 年下海创业,当时的社会大背景是经济改革越来越深入,政治改革和社会改革还相对滞后,我根据自己的情况,给自己定的目标是我做一个企业家,而且要做一个有一定规模企业的企业家。我想办大这个企业,让企业的同事,让我的朋友,在经济上得到实惠,生活上过得体面。我也希望我们的企业能为股东提供满意的回报,能为社会、为中华民族做出贡献。这个贡献,不仅是交税、提供就业机会,还应该有更高的要求。比如,我现在真心想做的事,是希望联想和其他好企业一样,能够成为一个守法、诚信,在公共道德观上特别好的企业。这个目标,也不是在 1984 年一下海就想明白的,而是慢慢丰满的。我一开始办企业的时候,除了为了改善生活,主要还是想试试自己有多大的能力,后来,逐渐越来越好之后,和我的同事一起有想为社会做更大贡献的愿望。1990 年之后逐渐把事想明白了,知道自己什么事不能做,什么事要做,急了做不成,要分阶段做。我有三件事始终不会去做:第一,不走仕途;第二,不能在改革中犯错;第三,不和民营企业比个人财富。

现在的一些年轻企业家,做的成绩很好,可是突然间就垮掉了。究其原因,我要提醒大家:成功到一定的阶段之后,别拿长跑当短跑。我要跑一万米,体力分配基本上是按一万零五百米来分配,前面慢一些,最后我加快速度冲刺。但是一些年轻企业家,长跑当短跑,过分被竞争中的耀眼光环、短期利益

驱使,一万米当中前400米跑得很快,大家的掌声很多,跑完就趴下来了。我为什么讲分阶段地革命?你要知道自己有多少的路,大概怎样分,这是首先要注意的事。第二个要注意的事是关于企业管理规律。每打一仗,每做一件事,成了,败了,都习惯把原有的人马找来重新商量。当时是怎么计划的,实际的情况怎样,下次遇到这样的情况,是否可以照样做?不能这么做,应该怎样做?这是一种学习。很多东西不知道怎么做,但连续做几次,讨论之后,就会变成方法固定下来,这就是总结管理规律,对企业很重要。

一个大的企业,必须有一套自己的打法。联想有管理三要素:建班子、定战略、带队伍。里面的内容都很翔实,下面的子公司都必须遵循。我在强调三要素时,有一点很重要,那就是管理。各个企业、各个大学,都有不同的教法和做法。我们不一定要自己总结出一套,你照搬一套也可以,但一定要适合你们的情况。为什么一定要有一套,这是我自己的体会,企业做大就像千军万马,你登珠穆朗玛峰,从北面、南面上去都是好汉,但不能其中一部分人从北面上,一部分人从南面上,整个企业漫山遍野不行,因为今后无法总结教训,无法管理,执行力就会变差。联想还特别注意培养人,一边做事,一边带人,事做出来,人也带出来了。人有了目标,还要有意志和品质,以及学习的能力。这个学习能力不仅是在书本上学,更多的是在实践中学。

各位同学,你们成长在中国历史上一个千载难逢的好时代,但是没有比较,你们是体会不出生活在这个时代多么幸福。就像两个人都在吃一碗红烧肉,一个饿得半死和一个不太饿的人,吃的感受是不一样的。我在40岁的时候赶上了改革开放的列车,我对各位非常羡慕,因为你们一生下来就进入了改革开放的好时代。

提问:您前40年做工程师,和机器打交道;之后做企业家,和人打交道。您是如何在这两种角色之间成功转型的?您做企业家的时候有没有觉得心里很累,想重回科学院?

回答:我还是很喜欢现在的这个角色。我大学读的是理工,主要是因为那个年代,学文科的没法有出息。但当时我对历史、哲学、社会学还是有兴趣的。我觉得一个人不管是做技术工作,还是做管理工作,情商都很重要。但我要说明,除了是从事纯粹的技术工作,以及踢球、跳高的运动员和艺术家们,他们是可以不注意和别人的关系的外,凡是要进入管理系列,就要和人打交道。和人打交道,就要注意自己的情商,在达到预定的某个目标的同时,要使自己舒服,别人也舒服,这是值得认真研究的。在 1998 年、1999 年,联想将指令性的工作方式转变为指导性,最后变为参与性。什么叫指令性?就是上级怎么说你就怎么做。参与性是什么?联想希望引导的是一种发动机文化,而不是齿轮文化。领导是个大发动机,他的部下是同步的小发动机,都有动力。你是我的下级,我给你安排,我们讨论你的目标、你的责权范围,你做好了之后要受到什么奖励,做不好要受到什么惩处,具体的做法由你来决定,这样企业的部门就会根据情况不断创新,不断总结规律,把事业越做越大。而我可以把更多的精力用在研究管理基础上,用在如何更好地调动大家的积极性上,这些事实际上就是在做人的工作。因此,我觉得即使是很好的技术型人才,也得研究和人的关系,因为将来你有可能会做技术领导人,需要调动他人的积极性。我常说一句话:困难无其数,困难不动摇,我遇到任何困难都没有想过退回去。

提问:如果您处在今天的大学时代,将如何选择?

回答:如果把创业定义为自己出来办一个企业,大家可以想想,你出来创业遇到的最大问题是什么?什么东西会让你创业不成功?首先是资金问题。谁给你投资?人家凭什么信任你?我旗下的创业投资公司,考虑给不给一个企业投资,主要看两个方面:第一,项目本身怎样,合理不合理;第二,你这个人、这个团队,是不是真的有能力。为什么三四十岁的人容易得到投资?因为已经有了历史记录,可以证明你做得怎样,这是投资人考虑的问题。而 20 多岁刚刚创业的大学毕业生,谁信任你呢?因此,你可以先做一些人生积累。你在哪个企业工作过,曾经做过哪些小企业,都是很好的积累。从资金角度来讲,你做的工作多一些,做的时间长一些,得到的信任就多一些,就容易得到钱。我在 40 岁之前，其实已经有了一定的人生经历，比如“文化大革命”等，虽然和企业无关，但今天回想起来，对我都比较宝贵。积累是很重要的。有时会觉得自己的创业激情得不到别人的了解，怎么解决这个问题？你首先要考虑从哪里得到天使基金，从周围想想有什么可能，把你的想法、计划与别人讨论，得到天使基金的可能性就大一些。另外你要注意，在创新与创业中，将会遇到的某些关键问题是什么，你需要进行哪些学习和磨炼。这些东西，实际上都代表了年龄，就是你的经历问题。但是一个理发师，剃了 40 年的头，剃出来的依然是“马桶盖”，很难看。一个小伙子学了半年不到，可以理出很漂亮的发型。说明什么？悟性很重要。

“两全其美”的创业

时任北京点击科技有限公司总经理　王志东

一、创业，追求“两全其美”

很多人说，创业才能获得财富，的确是的。由于最近这些年风险投资的进入，整个创业环境的改善，通过创业而一夜成名，白手起家的故事越来越多。回顾1997年到现在整整10年时间互联网行业的发展，财富的确是最大的推动力。财富能给人安全感，让人做喜欢做的事情，甚至在朋友面前很有面子。

但是，财富就应该是我们创业的最终目标吗？这个问题经常是似是而非的。人们觉得有时候这个话题很简单，有时候却很复杂。这些年我和国内很多的企业家，很多的成功者，甚至一些在国内各类形形色色财富榜上过榜的人都有一些交流，凭我自己的感受，我发现他们的财富和他们的幸福，绝对是没有很直接的对应关系的。有很多企业家甚至表现出很多的无奈、空虚、痛苦。

财富不等于幸福。所有准备去创业的年轻人，现在也许把财富的大旗高高举起，这就是我们的目标。但是我们能不能保证10年、20年、30年以后，我们是否还能真正地心满意足？这才是真正值得我们大家去思考的问题，我们到底追求的是财富还是幸福。

什么是真正的幸福呢？为什么财富有的时候让人感觉幸福，有的时候让人觉得财富不能带来幸福呢？这是一个很有趣的话题，仔细考虑这个问题，可以得出一个很有意思的结论。就是人性有一个很重要的特点，用简单的话说，就是缺什么想什么。当你已经拥有财富，已经在“金山”上的时候，不会觉得财富会给你带来多大的幸福；人很健康的时候，也没有觉得健康对他自己来说很重要。往往是他缺了什么想什么，当经过努力得到时，他会感觉幸福。

创业不是一个简单的游戏，创业往往会影响你的一生。一次创业，往往就决定你整个生活的状态，生活的轨迹，会成为你生活的方式。所以你创业的目标，往往会跟你人生的目标，跟你未来若干年的付出和投入息息相关。那么，我们怎么保证在若干年以后感觉到幸福和满足呢？道理很简单，如果你设定的目标，是你梦寐以求的一样东西，这个东西是你缺少的，你喜欢的，你愿意得到的，然后你用尽你的才华、能力、汗水，千方百计达到这个目标的时候，那一刻你就是幸福的。

有人可能会说，创业是需要有投资人的，是要对股东负责的。我怎么能够把自己个人的兴趣、爱好凌驾于企业之上呢？其实这个问题也曾经有人质疑过，我对这个问题也认真地考虑过。我们把眼光放到一些国际上真正成功的企业，就会发现，在全球范围内，尤其在 IT 行业里，真正成功的企业，都有它自己的愿景、目标，而这个愿景往往是跟创业者的梦想完全相符。

比如说微软——我想微软应该是历史上最成功的企业之一——微软在二十多年前，给自己定过一个目标，就是要让全世界每个办公桌上都可以放上一台电脑。这个梦想，我相信实际上就是他的创始人比尔·盖茨当时的个人梦想。他把自己的个人梦想赋予企业，让自己的梦想成为企业的愿景，他利用企业作为载体，通过企业去整合了有限的资源，实现了自己无限的梦想。

我们再看惠普（HP）、英特尔（Intel）、谷歌（Google）、雅虎（Yahoo）以及其他的公司，都是这样的。每个公司都会有自己的愿景，有自己的梦想。实现这个梦想的过程，就是一个公司成长、发展、壮大的过程。在这个过程中，真正国际上成功的公司，在讲自己愿景和理想的时候，很少把财富放到里面去，也很少考虑排名的问题。国内的公司，现在很多人也在提愿景，可一说，就是多少多少年之内我要成为500强，这就是国内现在的水平和境界。

我们可以看到，所有伟大成功的公司，他的梦想都不是直接和财富挂钩的，他不是说我就是要追求某种财富，而是说我要做一件什么什么样的事情，而且这件事情往往具有很深刻的社会意义，在他实现了他自己梦想的时候，他也就为这个社会做了极大的贡献。

这就引申出另外一个话题。

国内经常在谈企业家的社会责任问题、企业家的原罪问题、企业家如何回馈社会的问题。其实，如果我们把回馈社会和企业家创业过程、成功过程完全分割开来的话，往往会造成一种现象就是：不择手段地挣钱，钱挣多了以后再想办法赎罪。如果是这样的模式的话，我们应该提倡吗？

假如一个人他的创业过程，他所追求的目标本身就能够给社会带来极大的价值，就可以实现对社会的贡献的话，那么他实现他自己梦想的过程，就是为社会尽责任的过程，如果能做到这一点，就是十分完美的，不需要他内疚，也不需要想着如何去赎罪。

我们希望一个人，他创业的目标就是他自己的理想、自己的爱好和兴趣。所谓个人梦想和企业运作相结合，其实就意味着你要把个人的兴趣爱好和商业上的成功运作结合起来。意味着我们的创业，要追求一种不妥协的、不走极端的、“两全其美”的境界。

有一些媒体采访我，经常给我出难题，两样东西让我选择一个。每次这样的话题我都说我不选。我说按我的想法来说，我绝对不愿放弃任何一个。比如说，事业和家庭你愿意放弃哪一个？我说没有事业的男人还是男人吗？但是没有家庭的男人只是机器。身体和财富你看重什么？人家说有健康的身体却没有财富，那可能会很没有面子，只有财富没有健康的身体，那么财富和你还有什么关系呢？名、利你到底选择什么？我说我就喜欢挣很多钱还希望别人说我好。问我你是想有很高的收入，还是希望找一个自己喜欢的工作？我说我希望找一个能赚大钱还是我喜欢的工作。

我一直在追求“两全其美”，这是我的价值观，是我行为的准则。

二、创业,用有限资源实现无限梦想

1. 实现工程师的梦想

常有人问我,现在到底是第几次创业? 我会反问,你说的创业是什么? 如果创业就是创办一家企业,那么,我是第 N 次创业了,我自己都算不过来。如果按照我的概念,创业就是开创一番事业,或者说创业就是用有限资源实现无限梦想的过程,那么我在过去成功的创业有两次。

第一个梦想是一个软件工程师的梦想。我在中关村时,提出让中国软件和世界同步。因为我看到国内大众用电脑很辛苦,很累,开发一个软件要花很多工夫去处理中文的问题。

这个梦想是如何实现的? 我遇到一个很好的契机。当时微软的 Windows 技术诞生,我在 1989 年接触了 Windows,当然那时候只有英文版,我发现这个非常需要汉化处理,而且这个技术一旦有所突破,我们可能就会让整个软件的使用发生翻天覆地的变化,后来,在设计出外挂中文平台这样的技术之后,我发现这一技术就可以实现这一变化。终于在 1991 年的七八月份,正式推出了第一个中文平台,后来创办了中文之星,1993 年创办四通利方。这个过程让我经历了三个企业——北大方正、新天地、四通利方。我们这个产品总的装机量超过了 1 000 万。微软的高层曾经说,中文之星这个平台,至少让微软的产品提早五年进入了中国。当我知道至少有几十万甚至几百万的人用过我的产品,我的作品可以为大家广泛接受,这就是我最大的满足。这份满足感一直到现在,我想起来都感觉到非常幸福。由于中文之星的成功,我们成功创办了四通利方,由于四通利方的成功,也让我具备了实现第二个梦想的基础。

2. 创立硅谷模式

第二个梦想是一个中国 IT 行业创业者的梦想,就是走出中关村,实现硅谷梦。硅谷其实是 IT 界,尤其是软件、网络界的圣地。我在上学的时候就非常崇拜,非常向往硅谷。后来我进入中关村的时候,发现中关村号称是中国的硅谷,我就一直希望在中关村创业去实现我的硅谷梦,但是后来由于新天地失败,我非常痛苦,受到了很大的打击。

我在1993年年初挣扎了半年,挣扎到最后,痛定思痛,我横下心来,我就不信我的想法错了,我就不信我相信的硅谷模式在中国就做不了,我就不信我5年白做了。在这样的情况下,我离开了新天地。离开以后,当时国内有两个前辈找到我,说要为我投资。当时我说,如果要我来重新创业的话,我有一个条件——必须按照我理想的模式来创办这个企业。他们问,你理想的模式是什么?我想了半天,回想我在大学里看硅谷热的书,讲了四点。第一,这个公司是为了做事,不是什么挣钱做什么。第二,投资必须达到一定的量。第三,公司的管理比较独立,你不能对我指手画脚,股东就是通过董事会负责,公司内部应该有独立运营的权利。第四,管理人员、创业者必须拥有股份。当时按我自己的想象,如果这四点能够实现,我就在很大程度上能够把新天地当时犯的错误很好地弥补或者说能够避免再犯同样的错误。投资方同意了我所有的条件。在1993年年底,四通利方正式成立。可以说,当时的确是为了一种尊严和信念去实现一种硅谷模式。

1995年,我一个人跑到硅谷。为什么去硅谷?因为我要做硅谷模式,不到硅谷怎么行?到了硅谷以后,我很快启动风险投资,因为我在书上看到,很多硅谷的高科技公司都是通过风险投资扶持起来的。如果这个公司不改变结构,不把真正的硅谷机制引进的话,这个公司是死路一条。这个过程花了大概两年时间,应该说整个四通利方是九死一生。后来的结果大家也看到了,我们在1997年引入了第一笔风险投资,到1998年成立了新浪,2000年4月13日,在美国纳斯达克挂牌上市。那一刻真正兑现了我早期的诺言,那一刻也是我真正实现我的硅谷模式、硅谷梦的时刻。

当时,我记得很清楚,挂牌那一周是纳斯达克的股灾,很多人说,如果不是股灾的话,股票会有更好的表现。我说这已经不重要了,因为我知道在美国的硅谷,可以真正带领自己的企业在美国纳斯达克上市,也都是少数人的游戏。

我们在中国的中关村，在这样的恶劣条件下，经过九死一生可以走到这一步，已经是一个奇迹了。而且更重要的一点，我证明了自己，证明了我自己的价值观，我自己的兴趣爱好，我崇尚的硅谷模式，在中国的IT界是完全可以实现的。

3. 突破自我的梦想

后来我离开新浪。离开新浪对我来说只是一个意外，算不上真正意义上的挫折。离开新浪的时候，我有很多的选择，可以休息，可以去娱乐休闲。但是，当时我只有34岁，我想如果我现在就开始享乐，将来孩子长大以后，我和孩子讲我的故事，孩子可能会说："你的故事怎么到34岁就没了？"我想既然我实现了两次梦想，为什么我不实现第三次梦想呢？离开新浪一个月以后，我就开始筹备点击科技。我们的梦想不大也不小。其实实现前两个梦想以后，再设定第三个梦想挺难的，但是我想第三个梦想最好满足两点：第一，实现的时间别太快，否则的话，我还得设计第四个梦想；第二，这个梦想一定要对以前的事情有所突破。你现在再让我写简单的软件，或者是再做一个什么网站，对我来说已经没有什么刺激了。我希望最大的突破点是：第一，事情本身和以前有比较大的区别；第二，我做的事情应该可以突破原来的一些限制。大家知道，无论是做新浪还是做中文平台，其实都有一个约束：他们基本上都是把一个国外的东西引到中国来，或者是引进中文来，都是做这样一种事情。虽然引入的过程，我们有很多的改进和再创造，但是它们毕竟是与国外息息相关的。我们希望这次做的事情，可以突破中文的约束，可以在模式上、技术上有所突破。这就是再次创业的初衷。

二

创 业 能 力

好奇心与想象力

上海交通大学安泰经济与管理学院教授、博士生导师　孟宪忠

知识力不等于就业力

现在可能所有的大学生都感到就业难。这不仅是我们中国的问题，韩国、日本也出现了这样的问题，这是世界性的问题。为什么就业难？是社会不需要大学生了吗？不是。关键是我们大学生的就业准备、知识结构，包括自身修养和素质还不能满足、适应今天社会发展的需求。

过去都说大学是传授知识的地方，但是我们学到的知识不足以应对社会上的挑战。培根说“知识就是力量”，但是知识力不等于就业力，我们在大学里学到的东西去应聘时不能用。很多企业老总说，大学生学到的东西在我们这里用不到，或者到我们这里需要更新。知识的需求，70 年代是 5 年增加一倍，最近 10 年是 3 年翻一番。到 2050 年，我们现在所拥有的知识可能只是那时知识的 1% 。

今天社会对我们提出的要求是什么？我们经常愿意说一句话：形势决定任务，观念决定行为。作为大学生，面对今天的市场经济形势，我们应该学习怎样的本领、树立怎样的观念来更好地适应今天社会发展的需求呢？

美国社会最近提出，大学生的就业力包括以下几方面：

一是设计的能力。技术和科学可以保证品质和价格。在信息爆炸的时代,人们并不缺信息,缺的是对信息的洞察能力。单纯的知识不再是力量,创造性、创意性才是真正的财富。只有洞察力、艺术的能力才可以保证你的产品和服务的独特性、美感和意义。不是这样吗?

二是说故事的能力。也就是形象化能力,可能很多人没有想到。我国古代的孔子,就是形象化的大师。美国很多管理学家,也善于讲故事,比如我们都熟知的《谁动了我的奶酪》。你们都清楚,古希腊是一个伟大的民族,德国是一个伟大的民族,德国的伟大是因为他贡献了贝多芬,达到了情感和形象、理智完美地统一。你们也知道因为古希腊,我们有了奥林匹克运动会,它还贡献了阿波罗精神。我也与许多学者探讨,他们都跟我说:我们这个民族在整个发育过程当中,确实缺少了一些右脑的创造性。

三是整合的能力。今天的企业从战略的角度、从经营的角度是一个平台。谁能交叉,谁能融合,谁就能取得成功。上海手表厂破产了,上海的宏声收音机破产了,上海的海鸥照相机破产了。他恨谁啊? 他恨其他的手表厂吗? 他恨其他的收音机厂吗? 他恨其他的照相机厂吗? 都不是。把他们取代的是手机——手机整合了手表、收音、照相的功能。

四是轻松、乐观、积极向上的心态。生活中不可能没有挫折,没有挫折不可能是生活。普希金说"假如生活欺骗你",实际上生活并没有欺骗你,只是它把本来的面目展现给你,而你没有做好准备,谁让你把它想象成这么美好啊?!所以说还是需要有积极向上的心态。

大学生的就业能力,还与我们有没有责任感,能不能将心比心、换位思考有关。企业很关心他们招来的学生究竟想在我这里干多久。有调查表明,在亚洲跳槽频率最高的是中国。

为什么我们缺少创造性

再看另一个问题。我们经常在讨论:为什么中国会缺乏创造性、缺少世界级的创造。是不是我们笨呢?

杨振宁先生说,中国人绝对不笨,是我们的知识结构存在问题。为什么不笨呢?他说,你看,每30万美籍华人中,就有一个人得诺贝尔奖。我们并不笨,关键是我们怎么学习。大陆学习有两个弊端:一是“唯智力主义”,强调智力,没有艺术的熏陶,没有意志的锻炼,没有人类同情心的培养;二是将智力错误理解成了记忆力和常规推理能力。在历史转型期要有创造性,就应该“知”、“情”、“道”、“意”——知识、情感、道德、意志——全面发展。

要有好奇心。遗憾的是我们的教育使得我们都没有好奇心了,压力太大了,对什么也不好奇了。要有主动的求知欲。我们想一下,如果不是处于考试,处于课程的压力下,我们有多少的求知欲啊?我们知道,有很多大学生都盼望老师有病,这样好不上课。很多大学生不都实行两项基本原则吗?——选修课必逃,必修课选逃。要有想象力。我去德国非常震惊,看到德国的幼儿园让孩子们画音乐。画音乐啊!就是听一首乐曲,你自己想象去画画,这叫培养艺术的“通感”。我们的幼儿园完全是学生要跟老师画得一样,画得不一样就不遵守纪律,那这样我们会有想象力吗?列宁说没有童话的民族必定是缺少创造力的民族,我们有多少童话啊?感觉只有吴承恩给我们写了一个《西游记》,从此以后我们就再也没有童话了。要有洞察力。洞察力就是,跟别人看同样的范围你看到了别人看不到的事情,与别人看同样的事情你看出了别人看不出的意义。

我很同意美国人说的两句话:幽默本质上是心里轻松的表现,心里不轻松你怎么幽默啊。比如,见到了领导你直哆嗦,那你还能创造吗?

有一个小女孩碰到美国总统克林顿,说:“克林顿,给我签一个名吧。”克林顿满足了小女孩的愿望。签完了以后,小女孩说你再签一个吧,克林顿又签了一个。后来她说我哥哥也想要,他就又签了一个。他签完了以后,小女孩对他说:“谢谢!我哥哥说拿三个克林顿的签名就可以换一个乔丹的签名了。”于是她就回家了。

有一个纪念碑,这个纪念碑既不是柱状,也不是球状,是一个交叉的墙。

两面墙交叉在一起，地面像交叉点，越陷越深，墙是黑色的，什么都没写，但是上面篆刻了5万个战士的名字，说明这场战争是没有出路的。谁设计的——耶鲁大学三年级的华裔女生。社会越来越需要寻找创造性了。

所有这些告诉我们，一方面我们要把知识准备好，另一方面要把右脑创造性准备好，这样我们才可以实现今天的传奇。大家看一下这本商业周刊评出来的全世界25个2006年最具有创新性的公司。请你们看一下这些公司，仅仅是凭借技术吗？绝对不是！苹果、谷歌、3M、微软、星巴克、宜家，所有这些表明的都是模式转型与观念创新。

用爱和想象完善我们

今天我们缺什么呢？我们现在很着急的是什么呢？我们现在几乎没有人爱看书了，上海这么些艺术展览，没有人看艺术展览。我们确实缺少了人文修养，确实缺少了右脑的活泼。

我们来看一个故事。卡吉尼亚小时候，他爸爸跟他说，圣诞老人在圣诞节的时候会给你送礼物，他以为真的有圣诞老人。但是到八岁的时候，其他的小朋友都跟他说没有圣诞老人。于是他就问他的爸爸："你说有，可是其他的小朋友们说没有，这到底有没有啊？"他的爸爸说："我没有权威，你去问问纽约太阳报。纽约太阳报是最权威的。"那是在19世纪，所以他就给纽约太阳报写了一封信，他就问到底有没有圣诞老人。这封信现在还存在美国的博物馆里面。为此，太阳报发表了一篇社论，叫"圣诞老人存在吗"，副标题是"送给相信有圣诞老人的人"，我们不能用眼睛来怀疑心灵，最美的东西也许我们看不见，但是藏在我们的心中，爱、同情、诗意我们都需要，相信它可以带给我们生活的希望，所以毫无疑问，圣诞老人是存在的。这篇社论每到圣诞节的时候，每个报纸都要重新刊登一次。

下面这篇小学生的文章令人震撼。汤姆在小学二年级的时候非常喜欢自己的爸爸、妈妈，觉得自己的爸爸、妈妈非常关心他，于是他也想有所回报，但是他没有钱。他想用自己的钱给妈妈买美丽的胸针，在圣诞节的时候作为礼物送给妈妈，但是又不想用压岁钱。没钱怎么办呢？于是他就用妈妈给的压岁钱做投资，买了两只小兔子，想让两只小兔子下崽，再去卖钱，可是这两只小兔子生育能力不强、生育能力不够，最后还缺两美金。但是马上就要到圣诞节了。他就想着怎么样凑齐这两美金呢？后来这个小朋友敲开了所有邻居家老奶奶、老爷爷家的门，说你们想不想看到圣诞老人赶着小动物来给小朋友们送礼物呀？老爷爷、老奶奶说怎么来呢？他说用兔子的脚印在家门口踩两圈，说圣诞老人和他的小精灵、小动物来过了，给你们的小朋友送来了礼物，然后又匆匆地走了，因为要给其他的小朋友送礼物。老爷爷、老奶奶说你这样做那你有什么需求吗？他说我没有什么需求，但是我想给妈妈买胸针，可是还缺少两美金，我只要凑足两美金就可以了。然后这些老爷爷、老奶奶就倾囊相助了。在回家的路上他就说："时代不同了！难怪大人们说虚拟经济——实际上虚拟经济也没有什么了不起，我用脚印卖钱，这不也是虚拟吗？"这是美国小学生2006年最好的一篇作文：兔子钱。

相比他们，我们缺了一份爱，我们缺了想象。

建议你们去买两本书，一本书是星巴克老总写的《将心注入》，另一本是《心在工作》，李光耀写的。全世界任何一个国家在它独立的时候，无论是它的独立领导人，还是独立的人民都兴高采烈、欢天喜地，只有新加坡在独立的时候李光耀哭了，为什么呢？当时160多万人口，600多平方公里的土地，连净水也没有。李光耀讲："我们一无所有，怎么样才能把遭遇变为机遇，就是我们要用心、要用想象力。"结果怎么样？这个只有600多平方公里土地的国家，领空狭小，但是它发展了全世界最好的航空；没有净水，但它发展出了最好的净水技术。

我们所欠缺的是怎么样让两个大脑同时运作起来，如果学会全脑思维，就会让我们有一个美好的未来。

创新思维与领导力

时任上海交通大学党委副书记、创业学院院长，战略学教授　徐飞

创新就是建立一种新的生产函数

案例一：200 = 90 + 100 + 10。在美国，一双耐克鞋可以卖差不多200美金，这200美金是怎么瓜分的呢？90美金给耐克专利的拥有者，100美金给耐克公司，而中国生产耐克鞋的工人工资以及原材料费用只有可怜的10美金，在200里面只占到1/20，这是我们不能容忍的情况。今天我们不应该陶醉于中国是一个制造大国的虚幻兴奋中，不得不承认我们还处在整个价值链、产业链的低端，我们应该通过创新尽可能往价值链、产业链的高端走，这才是作为一个中国人应该有的志向，也跟中国的国际地位相匹配。

为什么我们今天这么强调创新的问题。党的十六大提出一个非常重大的治国方略，到2020年把中国建设成为一个创新型国家。今天的中国是一个制造大国，可还不是一个制造强国。即便我们真正做到了制造强国，我们也不应该满足，而应该把中国制造变成中国创造。因为这是一个知识经济的时代，是一个崇尚知识产权、专利的时代。温家宝总理曾经讲过一句话，21世纪的竞争归根到底是知识产权竞争，是创新的竞争，是专利的竞争。即便我们不从国家的高度来说，就从教育本身来讲，创新也变得非常重要。有一个“板鸭三部曲”

的说法：不管你愿不愿意去上学，都要去，是赶鸭；不管你知道不知道所以然，告诉你答案，叫填鸭；经过赶鸭、填鸭之后，无创新的板鸭就出炉了。有些同学读书还算用功，考分也很高，可以获得奥林匹克数学竞赛的金奖，然而我们遗憾地看到，在中国大陆的土地上迄今为止尚未诞生诺贝尔奖获得者。我们应该在创新人才方面好好思考一下，怎么才能把思路打开，怎么才能学会学习，而不仅仅是简单传承记忆，掌握一些知识，应该是创造知识，学会思考。所以提出了“四创”说法：创新、创意、创业、创投。不管是创业也好，创意也好，创投也好，非常根本的一条是创新。最简单的说法，创新就是无中生有，虽然有点极端，但大体上不离谱。我们可以换一个更中庸、更形而上学的说法，创新就是扬弃，合理的东西发扬光大，不好的东西抛弃掉。创新可以分为三个层次，第一原始创新，第二集成创新，第三在引进、消化、吸收的基础上再创新。说到创新，我们必然会提到一个人物，那就是著名经济学家熊彼特。他在《经济发展理论：财富创新的秘密》一书中首次提出了创新的概念。熊彼特认为，“创新”就是把生产要素和生产条件的新组合引入生产体系，即“建立一种新的生产函数”。

在今天这个时代，根本不必讨论要不要创新的问题，而是应该把精力花在如何创新、怎样创新更本质的方面上来。为了做到创新，我们应该敢于面对困难，敢于去颠覆一些社会规则、真理乃至假设，能够进行权变，把自己原有的创造力集合。

思维创新乃创新之本

发展思维

在 90 秒内，用 6 根火柴摆出 4 个正三角形。这个题目的答案要多少有多少。有同学说要是给我 12 根火柴该多好。我说可以啊，一根火柴弄断，6 根就变成 12 根，所以要敢于打破，敢于颠覆。当年哥伦布发现美洲大陆以后要开庆功晚宴,结果那些贵族不太瞧得起他,哥伦布也不服气,他说你们谁能把鸡蛋竖起来?没有人能竖起来。贵族说,你竖起来试试。只见哥伦布把鸡蛋弄破了,往桌子上一放,竖起来了。贵族说你把鸡蛋弄破了算什么。哥伦布说不破不立,先破而立。要建造一个新世界就是要先打破一个旧世界,创新就是创造性的破坏或是毁灭性的创造,把握一下这句话的意义,很多人不敢越雷池一步,往往真理和谬论之间就是一步之遥。爱因斯坦发明相对论的时候用的罗伦斯方程,它本来是错误的,但是爱因斯坦将原本错误的罗伦斯方程稍加改造就变成了非常伟大的真理,一个有用的工具。刚刚我们做这个题目的时候,6根火柴摆出4个正三角形,有同学想到把火柴弄断是非常了不起的想法。想没想过在保持长度不变的情况下变细,一分为二,同样变成12根,12根恰好摆出4个正三角形。再往下想,6根火柴只能摆出4个正三角形出来,你想要是有12根该多好,还是那么想,怎么才能做到心想事成呢?可以,没有资源可以借资源、整合资源,6根火柴摆出2个真正的三角形出来,利用镜像,镜子里面有2个虚的三角形,加上实的,也是4个。没有资源能够去调度资源,优化资源,整合资源,配置资源,是非常重要的一种本事。这个世界从来不缺少资源,缺少的是对资源优化、调度、配置、整合的能耐。创新有时候缺钱,缺思路,缺战略,缺流程,我认为你都不缺,有那么多的风投,那么多的民间资本,怎么会缺钱,全世界那么多聪明的脑袋,怎么会缺思路呢,关键看你善不善于去组合、整合。当然,创新不是横空出世,不是平地起高楼,你的知识越充实,思维越开阔,得到创新的思路就越高。

逆向思维

逆向思维包括反向思维、雅努斯思维和黑格尔思维。

反向思维,顾名思义就是站在问题的对立面思考问题,这是非常重要的思维模式,也是非常讨巧的思维方法。都知道生命在于运动,你想没想过另外一句话,生命在于静养。如果你之前知道相辅相成的话,今天告诉你相反相成。生命在于运动固然对,但生命在于静养同样也成立,在所有的动物里面最长寿的是龟,龟的长寿之道是什么,静,行为很安静,大量时间在冬眠。所以你说生命在于运动,对,生命在于静养,同样成立。对于大企业来讲,它的某些行为遭到竞争对手反抗的时候,可以采取一个战术就是相扑战略,以牙还牙。然而对大量的中小企业来讲,当别人进攻你的时候,你要以牙还牙显然不是很明智的做法,因为你的实力还不足以抵挡,要学会使巧劲,就是使用柔道战略,不是推回去,而是趁势而为。当你被一个巨人推的时候,你不是去推他,而是顺势拉他。自己把自己放倒,利用惯性,利用地心引力,这叫借势借力,杠杆效应。中国很多成语都充满了大智慧,比如大音希声、大象无形、大智若愚、大巧若拙、大俗大雅,有之以为利、无之无为用,等等,都充满了辩证法,充满了反向思维的精髓。

雅努斯思维,即既看到问题的本身,又看到问题的对立面。榔头既可以把钉子敲进去,也可以在需要的时候把钉子拔出来。一进一出,这两个看似冲突的问题,在榔头身上可以共处,这就是雅努斯思维。以前提到危机更多是负面的联想,是糟糕的、快完蛋的想法。殊不知,危机等于危险加机会,它既有糟糕的一面,危险的一面,更有机会的一面。当大家都觉得投资无热点、消费无热点的时候,这个时候正好是投资的好机会,当年包玉刚就是用了这种危机的思路。他那个时代远洋运输风险非常大,利润非常薄,大家都不看好,纷纷卖船。包玉刚在大家都卖船的时候去买船,因为大家不看好,所以买船的成本非常低。正如包玉刚当年所预见的那样,几年以后全世界的航海蓬勃发展起来。大规模定制,是戴尔成功的秘诀。这句话是反逻辑、反思维的,既然是大规模,怎么可以定制?既然是定制,怎么可以大规模?以前不可能的事情,今天就成功了。对每个具体的消费者来讲它是定做,你需要什么做工、什么款式,戴尔都满足你的要求,对个别消费者来讲它是量身定做。然而通过电子商务,通过信息系统,戴尔把全世界相同偏好、相同需求的这些订单集结起来,在后台进行批量生产,大规模生产。所以对消费者来讲感受的是量身定做,对戴尔自己的后台来讲是大批量加工。非常棒的思维方法。

黑格尔思维,即不但要看问题本身和对立面,还要把二者结合起来,产生一个新的东西。黑白两色是冲突的,你想没想过把黑白整合起来产生一种新的颜色？那就是灰。这就是黑格尔思维。什么叫创造？日本人给创造下的定义是:综合即创造。早就有收音机,早就有录音机,是日本人把这两个东西组合起来,变成世界上第一台收录机。我们知道宇宙飞船的时候很多零部件早就有了,就是通过综合、组合、结合,产生了世界上第一艘宇宙飞船。今天我们处的时代是大科学的时代,非常重要的一种本事不是单元级的,而是系统级的,系统集成的本事。能把别人的想法综合起来,再加上自己的想法,一个新的事物就应运而生。

系统思维

所谓系统思维,就是不是孤立、片面、静止地思考问题,而是全面、运动、变化、联系地思考问题。

系统思维具有整体性,我们一定不能干赢了战役而输了战争的傻事。不要在乎一时的得失、某个局部的胜利,懂得退让才是一种大智慧,有的时候退就是进,放弃就是得。舍得舍得,先舍后得,没有舍哪来得。有时候为了全局优化,不得不以局部的利益为代价换取全局的优化。大家都知道成语盲人摸象,一个盲人讲大象是一个柱子,另外一个人说不对,大象是一根管子,另外一个说你们都错了,大象是一堵墙。其实三个人说得都不错。当其中一个人摸到大象腿时,说它是柱子何错之有？第二个摸到大象的鼻子,说大象是管子,何错之有？第三个摸到大象的肚皮,说大象是墙,何错之有？但你我知道都不对,这就是盲人摸象,只有局部的思维。不要站在地球看地球,要站在月球看地球,就获得一种视野。一幅完整的油画,近距离看油画看不出来,看的是点点的笔触,要在更远的距离审视它。站高一步,想远一步,也是整体地把握。如果要成为高级人才,就要经受多岗位的锻炼,很多搞研发的人瞧不起搞市场营销的,搞市场营销的瞧不起搞管理的,可是我说,当你交换一下,你去做人事总监发现也是如此之难。所以通过干部轮换,通过交流,目的是获得一种系统的、整体的、全局的把握,而不是一个部门利益。

系统思维具有层次性。管理既是科学,也是艺术,更是哲学,显然这说明了管理的三个层次,既有科学的一面,放之四海而皆准,还有方法论的一面,见仁见智。我非常喜欢达尔文的一句话,适者生存。他没有讲优者生存、大者生存、强者生存,而说适者生存,这是非常有智慧的。最适合的才是最好的,而不是大、优、强。人的生命也有三个层次:物质境界、精神境界和灵魂境界。

系统思维具有动态性,要变化地看问题,不是静止地看问题。自行车在静止状态下面没有支架一定会倒,但是自行车动起来以后要倒很困难。改革当中发生很多问题很好解决,改革一停下来问题却不好解决。要进行权变,权衡变通,要进行谋划,进行反应。

系统思维具有开展性。系统科学告诉我们,一个系统如果和它的边界、环境和另外的系统不发生物质的、信息的、能量的交流,这个系统会枯竭死亡,丧失生命力。中国改革开放 29 年以来,取得了举世瞩目的成就,归根到底就十二个字:“对内深化改革,对外扩大开放。”大家设想一下,如果今天的中国还是闭关锁国,还是故步自封,还是井底之蛙的话,还有可能有今天的局面吗?绝对不可能。所以对我们年轻人来讲,学生来讲,创业者来讲,要有开放的心态,自觉地和外界、和周边的世界、和环境发生物质的、能量的、信息的交流和交互,从中获得养分,通过互动的过程发现机会。

系统思维具有综合性。不仅看某一个方面,而是把多方面的因素,立体地、综合地集结起来。比如说,创业要找股东,要找员工,还要跟公检法打交道,跟税务打交道,跟所在的行业协会打交道,跟媒体打交道,哪方面疏忽了,创业都很容易失败。你有没有掌握全局的能力、综合把握的能力,是非常重要的因素。很多人说他的技术不错,这个固然重要,但是你的运用人力资源的能力怎么样?公关的能力怎么样?和投资者的关系,银行的关系,政府的关系,媒体的关系等等,林林总总的关系都要学会处理才行。战略里面的竞争力分析等都是综合的考虑,内部怎么样,外部怎么样,方方面面的情况都要通盘加以考虑。

博弈思维

今天博弈论变得如此重要,以前不识字叫文盲,今天如果不懂博弈论就叫文盲。这话不是我说的，是著名的经济学家、诺贝尔奖获得者萨缪尔森讲的。想在现代社会做一个有文化的人，你就要对博弈论有一个大致的了解。不一定是专家，但是要有大致的了解。

博弈论里面非常精要的一句话是所谓上有政策，必然下有对策。毫无疑问，只要你是一个有理性的人，当上面有政策的时候，你会趋利避害，寻求自身效用最大化，必然对上面的政策有所反应，这个反应的过程就是对策的过程。上面在制定政策的时候为什么没对下属可能的反应提前加以反应呢，这才是问题的症结所在。

任何作用力都会引起反作用力，这和牛顿第三定律的不同在于这种反作用力并非力量相等，并非方向相反，它的变化是非常复杂的一个过程。它会有偏离，程度有轻重不同。具体说，为了分析竞争对手如何对你的举动做出反应，你就应该对竞争对手可能的反应提前加以反应，并且按照这种思维进行逆向思考，最后做出你的决断与决策。比如你是一个厂家，你发现你最近的销售市场份额下降得很厉害，你想到的一招是降价，通过降价薄利多销，来赢得更多的消费者，来挽回你在市场份额上丢失的局面，可是你想没想过，难道只有你才知道降价吗，如果你的竞争对手也降价，不但降价，而且降价幅度比你还要大的时候，你是赔了夫人又折兵。本来降价是以牺牲利润为代价换取市场份额的增长，然而你的竞争对手比你降价幅度更大，所以不但牺牲了你的利润，而且市场份额也不是预期的那样。现在市场竞争不仅要把自己的内功练好，也要高度关注你的同行，你的竞争对手他们可能的对策。你出了一张牌，别人会怎么来应对你，你要加以谋划，加以预料，做好备案。

博弈论里面非常重要的一点，要对竞争对手可能的反应提前加以反应，这就是博弈论精要所在。大家知道在 20 世纪 70 年代初期，英特尔就等于存储器，在存储器这个产业里面，100% 的市场份额都被英特尔拥有。然而差不多就是 10 年左右的时间，日本人后来居上，也做存储器，质量跟英特尔打个平手甚至更好一点，最重要的是价格比英特尔低得多。到 1984 年，英特尔差不多就退出存储器领域了。当时日本人之所以打价格战，就是充分运用博弈思维。日本人想如果我现在降价,英特尔也会降价。日本人就想我降价最多 13 个百分点,而英特尔最多 10 个百分点,我先降 7%,如果它不应战我就不战而胜,如果英特尔以更大幅度降价的话我第二张牌就打出来,因为我的利润是 13 个百分点,英特尔只有 10 个百分点。第二招、第三招早就准备好了,武装到牙齿,到这个份儿上了,你的胜算才会高。果然不出日本人所料,其实英特尔也非常明白,后来格罗夫经过了痛苦的思考,决定退出存储器领域做微处理器,还好因祸得福,如果不是这个事,英特尔今天也不会成为微处理器的代名词。当然这是后话了。正所谓"人无远虑,必有近忧",说的就是这个道理。

概括说,博弈论的主要理论有三条:第一条,关注他人的价值,而不是自说自话;第二条,不仅看现在怎么样,当下怎么样,关键是对未来几个回合进行展望谋划,逆向思考;第三条,也是最重要一点,要学会自觉换位思考,把自己置于竞争对手的位置思考。假想你是司马懿会怎么样,你是诸葛亮又会怎么样。刚刚说的空城计,其实空城计的成功是博弈思维的成功。诸葛亮那么谨慎的人为什么敢玩空城计,经过这么一番思考,他想司马懿会怎么思考呢?司马懿会想,诸葛亮是做事非常谨慎的人,从来不走险计,今天他被打得落荒而逃,敢打空城计里面一定有埋伏,我才不上当,撤。诸葛亮预料到司马懿这么想,所以敢玩空城计。这是问题的根本之所在。博弈思维,你要想对手会怎么想,你会怎么想,几个来回下来怎么出牌,进行逆向思考,逆向推理。

直觉思维

我们进入学校学习,尤其是上海交大这所著名的大学学习,我们最得益的是理性思维得到提升。其实这么多年的教育,更多的是教我们理性思维,却很少教我们合情思维。大家千万注意合情合理,合理有时候容易做到,而合情反而不太容易做到。真正的高人更多不是看理性思维,而是看你的直觉思维,你的悟性,你的洞察力,你的第六感观,这种说不清道不明的东西。理性的东西是可教可学的,比如大家学高等数学,学宏观经济。然而悟性谁教你?谁教你直觉力、洞察力、潜意识、第六感观?这既不可教也不可学。怎么办呢?悟,靠悟,靠修炼。我非常喜欢红楼梦里的“世事洞明皆学问,人情练达即文章”。世界本来的面目不是清晰的,是混沌的;不是确定的,是随机的;不是线性的,是非线性的;不是结构的,是非结构的。刚才所谓的直觉、悟性、洞察力、潜意识、第六感观,统统都是需要右脑发挥能力,所以现在要开发我们的右脑,这是一块处女地,我们训练得太少太少。

1999 年我去思科(Cisco)访问的时候,问他们的高层管理者,你们怎么做得这么棒。他告诉我的答案让我匪夷所思,他说他们就是先射击后瞄准,让我很吃惊。谁不知道是先瞄准后射击,而他们是先射击后瞄准,这是不是反向思维?现在市场竞争这么激烈,变化如此巨大,等你先去瞄准,根本轮不到你做了,你必须先做动作。有一个著名的 60 天法则,一个企业能够预见的最远时间是 60 天,60 天以后的事情很难预料,变化太快。这个世界唯一不变的是变化。先射击,把这个产品推向市场,依据你过去的经验,依据你的直觉先把动作做出去。也许你足够幸运,一做就做对了,那是你孜孜以求的,求之不得的。但更多的时候,你可能没这么幸运,没关系,再来修正调整,反正已经射出来了,市场已经被我占有了。这就是先射击后瞄准,充分发挥直觉思维的能力。

被称为教父级的企业家松下幸之助,他最大的本事就是洞察力,虽然他只有高中学历。书固然重要,但绝不是生活的全部,也不是事业的全部。当个有心人,读万卷书,行万里路,做个有心人,说的就是这个意思。爱因斯坦提出,在科学上提出问题比解决问题更本质。当一个问题大家都没提出来的时候,你怎么去鉴定问题?大家回忆一下,第一低成本战略,第二差异化战略,第三聚焦战略,把低成本战略作为三大基本战略的首位,真正的高人是发现大家没察觉的东西。现在很多同学是学了知识忘了常识,现在企业最不缺少的是知识,最缺少的是常识。我们已经完全麻木了,这个世界没那么多当然的事情,凡事问问为什么,为什么可以,为什么不可以。

我说个计划生育的例子。在计划生育政策里面有一句话:老少边地区或者贫困地区的,或是生过残疾孩子的夫妇,政策允许生第二胎。我现在问大家,这个政策合不合情?假设你是生残疾孩子的夫妇,你觉得这个政策是多么合情。可是这个政策合理吗？稍有医学常识的人都知道，生过残疾孩子的夫妇，再生个健康孩子的几率远远低于生过一个健康孩子的夫妇再生健康孩子的几率。根据优胜劣汰的说法，你应该鼓励那些生过健康孩子的夫妇再生，那些生不健康孩子的夫妇不生。我们的政策正好相反。国家的计划生育政策，基本国策尚且如此，我想说的是，天下还有多少虽然合情但不合理，或是合理但不合情的例子，各位去思考吧。

所以当你们知识越丰富，判断越综合全面的时候，越不敢讲话。为什么？你脑子里没那么当然的东西，有时候仅仅是事实判断，却不知道还有价值判断。效率是个事实判断，是个逻辑判断，而公平是价值判断，是主观判断。这两个是见仁见智，需要大智慧。这里直觉、洞察、悟性扮演了非常重要的角色。一个人的直觉力通常什么时候最容易发挥作用？是在非常放松的时候。我现在有个习惯，口袋里随时有笔，随时恭候那些灵光一现的想法，最放松的时候，革命性创新的想法最容易光顾你。所以大家勤动笔头，把好的想法记下来，我是有非常深刻教训的，从那以后制定一个规矩，绝对不能懒，记下来起一个备忘的作用。

领导力思维

领导力也是有层次性的，从技术技能到管理技能再到概念技能，是需要训练的。在座的各位同学，可能真正的优势是技术层面，然而要成为一个合格的高管人员，要进一步修炼管理技能，进一步提升自己的悟性和洞察力。今天的时代是实的不值钱，虚的值钱；硬的不值钱，软的值钱；有形的不值钱，无形的值钱。你的创始力变得越来越重要。

案例：20 世纪最伟大的 CEO 杰克 · 韦尔奇的六大人生准则

1. 诚实面对现实，不管多么难看也要面对。诚实面对自己，有的时候很难为情，很尖锐，但是一定要有这种勇气。

2. 对所有的人真诚直率，诚信为本。记得核心价值观有三句话：坚守诚信，注重绩效，拥抱变革。难能可贵的是第一句话——坚守诚信。一个人一辈子要做大事情的话，我以为三件事情非常重要：第一坚守诚信，第二抵御诱惑，第三对财富要豁达。知识经济、网络经济本质上是法制经济，法制经济本身是诚信经济，在互联网上相互之间不认识的情况下，如果没有诚信，你的生意是不可能持续为继下去的。

3. 不要管理，要领导。很多人把管理和领导混为一谈，实际上两者差别很大。管理是授人以鱼，领导是授人以渔。与鱼只能解决当下的问题，不能解决持续的问题；与渔是教你方法，解决立命安身的问题。管理是对事不对人，该怎样就怎样，一视同仁。领导是对人不对事，他会教育他的下属说，事情木已成舟，不说了，当初如果你不这么自负，不这么想当然，把困难估计得充分一点，这种错误是可以避免的。什么是聪明的人，聪明的人是不会再犯同样的错误。这就是具有领导精神的头儿对他下属讲的话。

4. 在不得不变之前先变，与其被动变不如主动变。经验是拐大弯，不是事到临头拐急弯，后者容易出车祸。你应该预见，未雨绸缪，提前拐大弯。一个领导非常重要的智慧是前瞻预见能力，到不得不做的时候代价很高，效果也不一定好，拐急弯的结果就是人仰马翻。

5. 发现自己不具有某种竞争优势时不要硬拼，不要蛮干，要认清自己。很多企业家之所以败，就是自我感觉良好。开始干得很好，后来发现自己法力无边，无限膨胀自己的愿望，其实在其他的领域他并没有比较优势，可是他没有正确认识到这一点。知道自己擅长什么，知道自己不擅长什么，这是非常重要的本事。尤其是能意识到自己的无知，自己的人生短暂，这是很高的智慧，然而很多人忽视了这一点。

6. 捏住命运的咽喉，牢牢把握自己的命运。英特尔的前 CEO 讲过一句话，要么吃午餐，要么成为别人的午餐。要么成为骑士，要么成为坐骑，跟英特尔的话有异曲同工之妙。贝多芬之所以伟大，并不在于他创作什么《命运交响曲》，他真正的伟大是能够百折不挠，坚韧不拔，他双耳失聪以后还可以创作这么伟大的作品是很难得的。对于靠耳朵吃饭的人来讲耳聋意味着什么，就是灭顶之灾，他原本可以自暴自弃，但是他没有这么做。创业充满艰辛，各位以后不管是当职业经理人，还是当老板，一定要坚韧不拔。一个人能不能成功，能在多大意义上成功，不是看他顺的时候情况怎么样，而是看他在困难面前、在挫折面前、在失败的阴影面前，能不能够咬紧牙关，能不能够笑到最后。

真诚告诫

第一，要有伟大的使命和目标；第二，人才极端重要；第三，知识经济是速度经济，速度高于完美，不要在既往的轨道上修修补补，要用更多的精力引领变革，做一些更重要的事情；第四，品牌很重要，诚实面对现实，讲出真相很重要；第五，要有自己的计划；第六，走出办公室，不要坐在办公桌前听汇报，下属会糊弄你，你会成为聋哑人、盲人，位置越高越要坚持做到这一点；第七，学会倾听。一些东西往往来自于客户，甚至来自于客户的抱怨，在抱怨里面找出问题的症结所在，做出新的产品，满足客户的要求，就能赢得新的市场。

我想把下面的话送给大家。这是美国企业家协会的信条，刊登在每期这个杂志的目录页上："我是企业家，我绝不会选择做一个普通人，如果我能够做到的话，我有权成为一位不寻常的人。我寻找机会，但我不寻求安稳。我绝不希望在国家的照顾下成为一位有保障的公民，那将被人瞧不起而使我痛苦不堪。我要做有意义的冒险，我要梦想，我要创造，我要失败，但我更要成功。我拒绝用自己来换取施舍，宁愿向生活挑战，而不愿过有保障的生活；宁愿要达到目的时的激动，而不愿意要乌托邦式毫无生气的平静。我不会拿我的自由与利益做交易，也不会拿我的尊严去换取乞讨的食物。我绝不会在任何大事面前发抖，也绝不遵从于任何威慑。挺胸直立，骄傲无所畏惧才是我真正的天性，我会勇敢地面对这个世界，自豪地说，在上帝的帮助下，我已经做到了。"

蓝海战略

美国普渡大学企业管理学博士　朱博涌

中国正式加入 WTO 以后,中国企业已经没有办法用关税以外的方法抵挡西方“列强”了,再也不能用很廉价的成本和世界大企业竞争了,因为他们现在也会用中国的生产力和中国的厂商竞争。中国企业要有竞争力,就必须不断创新。蓝海就是创新,它的本质就是创造需求,实施价值创新,最终超越红海竞争。创新就是让竞争的游戏改变,创新并不局限于产业和资源,高科技产业、大公司、小公司都有机会改变,这对资源比较少的亚洲公司来说是一个很好的时机。

红海与蓝海的区别

竞争策略一般分两种:第一种,你想到的和别人不一样,你做的东西和人家有差异;第二种,你做的和人家一样,可是成本比人家低。红海战略是在差异化和低成本中两者取一,而蓝海战略要求企业把视线移向需求一方,为买方提供价值的飞跃。通过跨越现有竞争边界看市场,以及将不同市场的买方价值元素筛选与重新排序,企业就有可能重建市场和产业边界,开启巨大的潜在需求,从而开创新的市场空间,同时追求差异化和低成本。因此,蓝海的开创是基于价值的创新而不是技术的突破。

蓝海战略的四项行动架构是：

第一，消除产业内习以为常的一些不必要元素。

第二，把某些元素降低到产业标准以下。

第三，把某些元素拉高到产业标准以上。

第四，创造产业中从未有过的元素。

美国有一家非常成功的旅馆，本来是一星级酒店，后来它的老板做了一个调查，发现很多一星级旅馆的餐厅根本没有什么太大的用处，却占了整个酒店很大的费用。于是他把这部分钱拿出来，投资到房间上，开出了没有餐厅的酒店。它的房间比二星级、三星级酒店的房间舒适，价格却便宜，这样，既吸引了本来不住旅店的人，又把二星级、三星级酒店的顾客拉拢了过来，取得了巨大的成功。这就是蓝海。把不需要的成本去掉，成本大幅度下降，消费者得到的好处就增加，自己也因此获利，从而把整个市场越做越大。

蓝海战略是跨产业的竞争，它从不同的产业、不同战略的群组、不同的顾客群中寻找共同的因素。

斯沃琪(Swatch)的定价几乎和日本精工社(Seiko)的手表价格相同，然而，一只斯沃琪表的成本是多少？5美金以下。它完全是激光加工、一体成型。设备都是瑞士公司加工的，不外卖。设计全部都在意大利，品质非常好。斯沃琪表更新速度很快，不停有新表出来，仿造它的人永远跟不上。而且，瑞士手表出了一款以后，卖得再好，第二年也不会再出。

蓝海战略要有次序。首先要战略定价，然后要有获利目标，再看目标成本。你的业务构想要具备独到的卖方效益，要把创新的概念变成创业。要从什么客户会买，用多少钱来买，买不买得起，他能得到多少好处来考虑。大家都知道宜家，这是中价位的家具公司。它的家具是谁帮它代工的呢？是造纸厂。因为造纸厂要用木材，它有一些废料是可以造家具的，这就是它低成本的原因。苹果电脑为什么这么成功？因为它创新。它从消费者的角度来考虑问题。如果我要听音乐，我买一个光碟，要花15美金，里面有10—15首歌，可是并不是所有的歌都是我需要的，你可能只需要里面的一首歌。但是你购买苹果的 iPod 以后,你可以花 1 美金下载到这首歌,省下 14 块钱。那么它怎么赚钱?它将 80% 的利润给唱片公司,因此唱片公司愿意与他合作。可能有人说 20% 的利润很小,其实因为量非常大,它的利润也是相当高的。

台积电在台湾是非常有竞争力的,它是第一家想到做代工业的。以前所有的系统都是封闭系统,所有的东西都自己做。而未来所有的系统都是开放的,很多聪明的人,他有概念,但是没有资源,他就会找一些制造公司来帮他制造东西,台积电就是这样的公司。它有一个虚拟工厂的概念,甚至有设计手册让设计公司去做。它首创了晶圆光罩共乘服务系统,这是什么概念呢?就像我们拼车,这样会使单个人的成本降低。另外,它发展的技术有着共享性,可以由很多人使用,它没有自己的品牌,它降低了新产品的制造时间、制造成本,它让 IC 设计赚钱,自己也赚钱,从而稳坐代工业龙头宝座。

这对中国科技企业的启示是:第一,要专注核心能力。中国很多的企业什么都做,这样的公司搞高科技很危险,因为高科技是全球的竞争,不是地区的竞争。第二,价值创新。成本要低,速度要快。第三,要有顾客导向。

建立品牌

接下来我讲一下传统产业。很多企业都是传统产业,它们的竞争模式不一样。例如橡胶公司,这个公司 40 年了,是最早在大陆布局的台湾轮胎公司,它有三个品牌:一个叫玛吉斯,一个叫正新,一个叫樱花。为什么一个公司要有三个品牌?其实就是做区隔。一开始的时候,台湾的企业都是做代工,但是做品牌的时候是不一样的。比如说,这三个品牌都是不一样的,玛吉斯主攻国际市场,走的高质量、顶级产品的路线;而正新轮胎和樱花轮胎是高价位和中价位的。

对传统产业和国有企业来说,代工企业最好做向品牌,品牌战略就是蓝海战略,有品牌,在未来非常重要。

森马是一个品牌,它赚钱的大前提是,和它合作的公司一定要赚钱。和它合作的公司是什么？有工厂帮它做衣服,有不同的店帮它卖衣服。它说,小河有水大河满。小河有水是说所有的厂商都有好处。大河满是什么？就是做品牌的人最赚钱。2006 年全国有森马店 1 200 家,2007 年有 1 400 家。它的经营战略是正装休闲化,休闲时装化。它强调握住消费者的手,跟着市场的感觉走。它的核心活动就是做品牌。

保证品质

三星是韩国最知名的商标。它的品牌价格和摩托罗拉差不多,而在质量、外观和易操作性上都高于摩托罗拉。三星现在的 CEO 叫李健熙,他到国外时一定要到商店问问有没有卖三星电视机,并看看三星电视摆在商店哪里,一旦他看见三星电视摆在墙角下面,回去以后,他就把工厂关闭一个礼拜,说:“为什么我韩国第一企业做出来的产品,在西方这么没有地位。”他的理念是只做品牌,廉价和低价不做。

三星非常重视外观设计和质量控制。产品面世就要给消费者非常好的印象,树立品牌。品牌要长期经营,质量就是公司的重点, 如果一个公司质量搞得不好,花再多的钱做广告也于事无补。

蓝海战略带来的启示

1. 顾客导向是首要。你今天要创业,你没有很多的资源,没有顾客导向你怎么竞争呢?

2. 要以速度取胜。

3. 要弹性整合,你要找到很多的合作伙伴。我认为未来的大蓝海,是亚洲的世纪，华人的时代。这是非常大的市场，也非常容易创造机会。另外，既然中国是世界工厂，也是世界的市场，对这个市场最了解的人是最有优势的，年轻人是非常有机会的。

4. 要多想想你创造的价值。年轻人常常问，我薪水是多少钱，我会反问，你能创造多少的价值？如果你创造的价值很高，人家会用高薪水来请你；如果你创造不出价值，空有学历也不见得有很高的薪水。

蓝海战略的关键字，一个是顾客，一个是价值，一个是创新。对顾客，你要提供解决方案，而不要总是想着要卖产品。价值还包括速度、品质和客服。创新是说成本效率要不断改善。这样的商业模式才有办法找到蓝海，同时也可以维持你的蓝海。

提问：相比于其他的营销理论，为什么我们更需要蓝海战略？

回答：很多营销理论认为，差异化和低成本是很难结合到一起的，而蓝海战略既做到差异化又做到低成本，这是很难的。其次，蓝海战略并非观念的创新，它是可以操作的。它有一系列的手法和系统来实现差异化和低成本。再有，蓝海是持续的创新，它会想办法不停地扩充，使想模仿它的人跟不上。

提问：生命科学领域如何执行蓝海战略？

回答：MIT 现在大一的学生一定要念生命科学，说明生命科学非常重要。飞利浦已经决定下一步要做生命科学。现在全世界都面临老龄化的问题，整个大环境是对做生命科学很有利的，从事生命科学，其盈利模式有很大的创新空间。现在做生命科学的人有疑虑，主要是因为他的商业模式还没有出来，应该对整个商业模式做改变。

提问：一个品牌如何做延伸是最合适的？

回答：品牌延伸分为向上延伸和向下延伸。向上延伸比较难，一般要用另外一个品牌，如丰田汽车的顶级车——雷克萨斯；向下延伸是比较简单的，很多品牌都有一些向下的延伸，比如，索尼就有很多的子品牌，爱华就是其中之一。如何去做品牌定位，关键是要非常清楚你的客户群：你的顾客是谁？他在意的是什么？

蓝海战略的研究令人兴奋。比如说，开发业务资源是 100 元钱，如果投入其中的 14 元钱到蓝海中，我的获利是有 2/3 来自蓝海。丰田汽车是全世界最赚钱的汽车，它的顶级车是雷克萨斯，100 部丰田车中，雷克萨斯有 2 部，而丰田汽车赚的利润有 1/3 是来自雷克萨斯。所以，如果你是丰田汽车的一把手，你会做什么？你要把雷克萨斯的市场占有量扩大，有雷克萨斯的跑车，有小一点的雷克萨斯 250 型号，把市场群体扩大了，市场占有就会增加。

创业中的取舍

红杉(Sequoia)中国基金的创始人及执行合伙人　沈南鹏

创业环境优化

在今天的中国,创新与创业是什么样的背景,有什么样的机会?记得我刚刚回到中国的时候,代表几家公司跑业务,当时创业还处于非常艰难的状态。15年前的中国,那时候的企业,我概括为两类:一类是政府控股的企业,这些企业往往是资源型的,比如化工、钢铁、电力等重工业,这些企业是靠当时政府的一些指令和政策建立的,它们很多在过去的十几年中转型了,但是它们不是在市场经济下产生的;另一类是关系型企业,它们是通过关系得到一些资源,把企业做了起来,但是长期以来,这些企业的发展遇到很大的困惑。我们看15年以前的房地产公司,现在生存下来的只有万科了,绝大部分的小房地产企业都没落了,因为它们以前的经营模式是通过一些政府关系或者个人的关系得到一些发展的机会,这样的发展模式已经不太适合今天的发展。那时候的中国和现在的中国最大的区别在哪里呢?今天的中国有很多创业机会可以不通过政府的资源或个人的关系来获得。当然必须要在政府的监管监督下把企业做好,但是这些企业的成功是靠企业本身的竞争力,企业内部的管理能力是企业本身成功的最重要因素。如果说这个企业有好的产品、服务和管理能力,这个企业就可以在市场上做大做强。这在30年以前的中国是没有的。30年前的民营企业强调管理力和执行力的比较少,但是过去的二三十年,有这样的趋向产生,企业开始挖掘执行力和内控力。之所以有这样的改变,我认为是中国消费者的崛起,这是一个方向性的改变,这给今天中国的创业者提供了巨大的舞台和机会。

第一批的民营企业诞生在浙江、福建、广东,它们一般都是外向型的,利用中国廉价的劳动力为外国人生产,受到海外品牌强烈的制约。这些公司的核心竞争力是生产管理能力,但是品牌本身的价值、产品本身的设计能力方面还是比较弱的。而在过去的10年,有了巨大的变化。老百姓的收入越来越高,大家追求有品牌的产品和服务,这是一个重大的改变。

一个月以前我去过一次晋江。晋江第一批企业都是乡镇小企业,给海外的品牌做加工,当时有几千家这样的企业。但是今天,一个只有150万人口的城市,里面产生了安踏、361°、匹克、九牧王、雅克这样知名的品牌,这样的企业不下20家。这是中国20年来企业转型的一个缩影,中国的私营企业开始向利用国内巨大的内需市场、利用自己的品牌来发展自己的方向转变。这些企业靠品牌运营能力,靠提供产品能力,靠服务能力,来提升他们的竞争力。这是中国长久发展的课题,这也是中国和美国的区别。我认为在现在的中国,对于一个创业者、一个企业家来说,有最好、最大的机会。在美国,这样的机会有吗?那是在1950年。所以我们看到,现在美国大部分的创新创业基本上都是在IT产业。美国休闲运动的增长是负的,而在中国过去的几年中,就体育用品来说,这部分年增长是20%,这让全世界都瞠目结舌。这样的数字背后有一个很重要的因素,就是中国的中产阶级的崛起,中国人民的收入的增加,中国的老百姓消费品牌、享受服务的意识越来越强。

融资渠道拓宽

创新创业需要资金的支持。资金来源是各个方面的,风险投资是一方面。

很可惜,在这些企业的成长过程中,风险投资很少,它们基本上都是靠自己的原始积累。我记得三年前,我有一个朋友让我去看晋江的一个企业,就是今天的匹克。当年那个企业,如果谁愿意给他500万元,他都感激涕零,他太需要资金了。他看到了机会,但是没有资金,这就是中国企业发展的巨大的瓶颈。美国商业银行的体系是非常发达的,它们对好的企业在其早期阶段就可以提供支持,而中国则薄弱得多。这些企业有很好的业务,有很好的品牌,但是它们没有大量的厂房、土地作为抵押,中国的银行体系中没有很好的信用体系来支持它们的发展。如果说中国的投资行业能够早点兴起,那么中国民营企业的品牌竞争力会发展更快。今天,中国的投资行业觉醒了,很多包括外资在内的投资者开始进入这一领域,这是一个令人欣慰的现象。在今天的中国,一个好的企业家,一个好的商业计划书也可以找到投资。这得益于过去几年一批成功企业的崛起,以及后面这些风投基金得到的巨额回报。我想中国的企业家,是世界上的投资商非常关注的。

今天在中国创业有最好的机会,而且这种创业机会不仅存在于互联网领域中,也存在于大众消费品领域中。

正确的创业目的

我们看到了创业所产生的巨大财富,但是作为走过创业这条路的人,我想对大家说,如果你太看重金钱的话,你很难走得远。因为在创业过程中,你很难抵御诱惑。所以一定要将创业作为梦想。比如说今天的股市很好,可能从赚取经济利益上来讲,比你做企业更快。成功的企业家做这件事情会得到很好的回报,但是他获得回报以后,还是像以前一样工作18个小时、16个小时,为什么?因为他热爱这个事业,他希望把这个事业作为理想来实现。如果有这样的想法,即使你碰到了困难,你也有能力克服困难,即使遇到一些低潮,你也可以走过来。作为一名创业者,我的感受是:从写第一个商业计划书的那一刻到进入实战的阶段,你会发现有很多期望值的差异。你会遇到很多以前没有想到的新问题,而且是不断地出现。我创业的时候,总是担心有电话来说有什么事情没有搞定,或者是市场发生了什么变化。这样的电话非常多,但是作为企业家来说,你要不断地改变,你的商业计划书在改变,你的团队在改变,因为市场都是在改变的,一个初创的企业变化是必然的,面对这种变化你要有很好的应对能力。

另外,你要有一种坚韧不拔的精神,你要耐得住寂寞。作为一个创业者,如果你对你的事业是抱着一种真诚的热爱,作为一个理想的目标,你才有可能走完这样艰苦的道路。我们看到了很多企业的成功,但往往忽略了这个企业艰苦的发展期。对于企业来说,今天很多新兴的企业做法和传统的企业做法是不一样的。传统的企业强调赚现钱,比如说做餐厅,三个月以后你就可以说我的营业额是多少,而现在的新兴企业可能一个产品研发就需要两年。例如谷歌、腾讯,大家没有想到它们可以成为今天最强的互联网企业。这就有点像围棋一样,先要布局,而不是像旧经济先拿订单来赚钱,新经济有更高的布局点,我把一切都打通了再收费。这就要求企业家有长远的眼光。我记得巴菲特讲过,我不仅要看一个企业今年的盈利、明年的盈利,我还要看它今后五年、十年的盈利。企业家也是这样,如果企业家只看一两年的盈利,往往这个企业是做不大的。

我记得当时创立如家的时候,碰到这样一件事。我们刚开始做经济型酒店时,有一个非常强的经营团队,有很多人来找我们希望我们管理一些酒店,其中有一些酒店与我们的定位不一样,它们有一些是三星、四星级酒店,而我们的定位是一百多一点的经济型酒店。如果我们做的话,当然也会赚钱,但是我们最后决定不做,因为我们是做企业,而不是为了赚钱。我如果做这样的事情,可能会混淆消费者对这个品牌的认识,这对我们的品牌是一个稀释,所以我们不做这样的事情。在传统观念看来,这是不可思议的,为什么有钱不赚呢?而对我们来说,如果影响长期效益,有钱也不会去赚。对我们来说,要做这样的决策是很难的。所以在创业的时候,一定要有长远的眼光,一定要有所为有所不为,这意味着有很多的牺牲,意味着要抗拒很多的诱惑,意味着并不是为了财富去打造企业。

充分准备

作为一个创业者,应该有什么样的准备?创业是艰苦的,创业者应该把完成梦想作为他自己的目标,而不是把经济利益放在第一位。我前面讲到,今天创业的机会非常好,那么,是不是我们每一个人都要去创业呢?前一段时间,央视有一个节目强烈地鼓吹创业,它把创业成功和成功画上了等号。我觉得并不是这样的。首先,我们从完成创业本身这件事情来说,创业是很辛苦的,大家看到了百度,但是我们没有看到它后面一千家、两千家没有出名的公司,它们有很多从来没有长大过,有些倒闭了,有些半死不活。作为一个创业者,在创业的时候,必须要想一下我到底有什么优势,我创业成功的几率有多大。我们这个团队 1999 年做携程的时候,并没有很好地回答这个问题,我们被当时互联网热潮推动着前进,好在我们对行业进行了及时了解。我们看到比尔·盖茨,可能很多人认为不一定要在学校读完书,但是我觉得恰恰相反,良好的基础知识、良好的学习能力对后期的创业是非常重要的。创业是容不得你去重新学习的,竞争的环境可能让你没有机会学习。我们判断一个企业,作为投资者来说,我关注的是这个团队。我要看到这个团队在这个市场中,有没有产品创新、产品开发经验等方面的优势。这不仅是人聪明的问题,也是人学习能力的问题。我假设所有人都有很强的学习能力,但是学习是需要过程的,这个过程要付出时间,可能在这个过程中,很好的机会就没有了。所以,第一,要有覆盖这个行业的人才;第二,我们要比他人有更多的准备和优势。

不见得创业成功等于成功,创业本身就是有一点风险还有一点幸运的游戏。我们今天看携程,至少有 30% 幸运的成分在里面,我们也付出了非常大的努力,但是如果中国的旅游市场再晚三四年起飞,那么我们可能就变成“先烈”

了,而不是今天的携程。同样看如家,如果再早几年做经济型酒店,如果当时酒店行业没有经历快速的腾飞,那么168元的酒店可能没有多少人去住。有的时候市场本身的因素是非常重要的,一个创业者要去做调查,但是这个产品能不能为市场所接受,还有很大幸运的成分在里面。我们不能提高我们的幸运,但是我们可以提高这个概率,我们都是学理科的,应该知道如何提高概率,就是要比别人做得更好。

我不否定有的人可能会走一些捷径,比如说电脑的天才,设计程序的天才。但是更多的人,如果想创业的话,你走专业的路,你会发现有一天你准备好了,那么你就可能成为下一个成功的企业家。

创业品牌选择

时任上海交通大学品牌研究所所长　余明阳

矿泉水，如果上面没有贴标签，值5角钱；贴个“娃哈哈”，卖2.5元；贴个“依云”，就可以卖到12.5元。现在这个时代是品牌改变世界的时代。可口可乐总裁说过一句很牛的话：“如果我这个企业被大火烧个精光，第二天，世界各大媒体将登出两条消息：第一条，‘可口可乐着火了’；第二条，‘世界各大财团纷纷要求给可口可乐注资’，因为这是一个经济招牌，只要这个牌子在，什么都在。”可口可乐的无形资产占所有资产的90%以上，所以有人给可口可乐开了一个玩笑：“我拿到了你的绝密配方，如果你不支付多少钱，我就把你的配方公布出来。”可口可乐的董事长说：“你愿意公布就公布，只要不叫可口可乐。哪怕你生产的东西跟我一样，照样不能叫可口可乐，你照样卖不掉。”

品牌：企业之魂

中国市场已经开始进入品牌瓜分市场的时代。我们把中国的企业分成两类：有品牌的企业，我们把它叫做头脑型企业；没有品牌的企业，我们把它叫做肢体型企业。头脑型企业，赚的是附加值；肢体型企业，赚的是劳务费。所以我们说，农业时代最值钱的是土地，工业时代最值钱的是机器，到了信息时代，最值钱的就是品牌。我们现在的环境是一个品牌化生存的环境，如果你做不出品牌,你这个企业就很难生存,很难发展,很难有高的回报率。我们在这样的环境中创新、创业,要对如何建立自己的品牌有一个清醒的认识和规划。

品牌的六大构成要素

要素 1. 定位

上海有三条路,一条叫四川北路,一条叫南京路,一条叫淮海路。这三条路过去是怎么定位的呢? 四川北路,老百姓买东西的地方;淮海路,有钱人买东西的地方;南京路,当时定位叫"中华购物第一街",专门给外地人买东西的。现在呢? 想买的东西,所有的地方都可以买到,还有谁到南京路买东西带回去? 南京路面临一个非常尴尬的定位。人们到了上海一定要到南京路转一转,主要买三样东西:矿泉水、冰激凌、麦当劳。人气很旺,消费力一般,这些如何支撑南京路昂贵的房租? 所以现在把南京路定位成"中华休闲第一街",南京路上有很多的马路酒吧、马路咖啡吧,也有很多马路演出,有很多的企业在马路上发布它们的产品,南京路要打造中国时尚的风向标,这就是定位的调整。

不但城市、区域品牌需要定位,所有的企业也需要做好定位。如果企业找不到一个非常好的品牌定位,发展就会受到影响。黄光裕做国美的时候,定位非常清晰:国美靠什么赚钱? 靠现金流赚钱。他当时一个最大胆的创意就是把大批量的家电买来后平价销售,销售利润几乎为零。不要商业利润,吃什么? 吃现金流。不要商业利润,导致终端价格非常便宜;终端价格便宜,导致产品卖得多;产品卖得多,导致采购量大;采购量大,导致价格更便宜。因此,老百姓知道,买家电到国美特别便宜。2006 年他收购了永乐以后,一年的销售额大概在 800 亿元左右。800 亿销售额里有 100 个亿的现金流,这 100 个亿做房地产赚钱,存在银行里也赚钱。所以国美短短几年可以高速发展,黄光裕短短几年会成为中国首富,因为他的定位非常清晰。

现在的市场充满了空隙,只要你聪明就有机会。80 年代是蛮干,90 年代是苦干,21 世纪是巧干,关键看你能不能找到定位,找到市场的空隙。我们上海交大同学要创新,要创业,就要做你最有特长的东西,要用智慧赢得社会的尊重,光靠蛮力是不行的,要找到很好的角色切入市场。

要素 2. 理念

品牌有内在的基础,这个基础是什么?理念。理念是品牌的原生动力。什么叫理念?就是你创业是为了什么。如果你创业是为了赚很多的钱,那么李嘉诚就不需要创业了。李嘉诚有 1 500 亿港币的资产,但他还在创业。为什么?一个人如果只是为了个人的生活,我估计他创业最终也做大不到哪里去。我觉得创业的动力来自两个理念:责任和快乐。

首先,你应该有责任心,无论是报效国家、社会、父老乡亲,还是对得起支持过你企业的人,一开始创业的时候,就要有这份责任心。比尔·盖茨已经给慈善事业捐献了 300 亿美元,他说要把自己的人生奉献给慈善事业。沃伦·巴菲特给比尔·盖茨基金会捐了 380 亿美元,创下了单项捐款的世界纪录。而他们现在都还在创业,为什么?是责任心。

其次,要把创业理解为快乐,你特别喜欢你所做的事情,而不是纯粹为了赚钱。有时候并不是创业团队中的所有人都有这样的心态,这个时候,就要进行理念的调试和整合。《西游记》里四个人没有共同的理念,他们靠什么整合起来的?第一,锁定有限目标。你让四个人一辈子在一起谁都不干。他们的任务是什么?西天取经,之后各走各的路。第二,长幼有序。师傅、大师兄、二师弟、沙师弟,很清楚。第三,如果碰到问题,要有人调节,这人就是观音菩萨。第四,相互互补。第五,彼此看法开诚布公。就这五个元素,使得这么一个团队成为了最优秀的团队。所以我们现在创业的时候,未必一定要寻找志同道合者,只要大家能够整合就可以了,整合理念是打造品牌过程中非常关键的因素。

要素 3. 性格

品牌性格是品牌定位和理念的一种表现。品牌性格决定品牌的生命力。娃哈哈、乐百氏、农夫山泉,瓶子里面的水没有根本的区别,只不过一个是纯净水,一个是矿泉水。但它们的品牌性格是截然不同的。娃哈哈的品牌性格是情感,所以它的广告词叫“我的眼里只有你”,后来改成“我的心里只有你”,“爱的就是你,不用再怀疑,爱你就是爱自己”,现在广告词叫“把爱随风携带”。乐百氏做什么?做品质,“乐百氏纯净水,27 层净化,水原来如此”。农夫山泉做什么?做口感,“农夫山泉,有点甜”。我们做过一个品牌,是西安的一个矿泉水,没有任何特点,最后我们做了一个概念:西安人要喝西安本土的水,叫“一方水土养一方人”,我们的意思是,西安人喝外地的水会水土不服,这个卖点是一个概念,是一种定位。

要素 4. 服务

好的品牌定位要依靠一系列的具体方式加以执行,这些举措包括服务、设施等,这些举措必须契合品牌的定位,才能使品牌战略落到实处。麦当劳的定位是快餐企业,其盈利模式最重要的是什么?就是要人们吃得快。所以它的店铺设计就一定要装修成典型的快餐终端,不要让你待太长时间。如果你买一个快餐吃 3 个小时,他们就要倒闭了。但是麦当劳规定,不能赶客人走,那怎么办?他们把店铺做成跟品牌性格、品牌定位完全吻合的快餐终端服务。你可以看到,麦当劳的凳子坐着非常不舒服,灯光特别亮,你东西刚吃完,服务生就把东西收拾走了,你前面没有东西了,如果你还老坐在那里,脸上会挂不住的。麦当劳通过最细致的服务,让它的品牌形象和品牌个性得到了最好的体现和落实。

有人说做服务、做品牌就是态度好一点,其实不完全是,还有很多方法和技巧。什么叫服务?服务就是努力给自己找麻烦,努力给人家提供方便。

当你需要对方答应你什么、回报你什么的时候,你首先要考虑的是,你为他做了什么。从这个意义上讲,我们做服务,在细节、理念、意识方面要做的文章很多。

要素 5. 表征

一个好名字对品牌的意义非常重大。武汉一个非常著名的企业叫健民医药集团,生产健民咽喉片,武汉人对这个企业意见很大,说中央电视台一天到晚骂我们“武汉贱民”,谐音不好听。宁波有一个青春牌服装,觉得太土,卖不动，需要改名，大家知道，青春英文是Young，最后改成雅戈尔，成功了。

这方面，上海交大也碰到过问题。很多人都误解，都认为交大跟交通有什么关系，我们管理学院在广州办分院的时候，广东交通厅打电话来说："咱们是一个系统的，今后要多照顾一点。"搞得我们哭笑不得，赶紧跟他说，我们上海交大跟交通没有关系，我们是一个综合型大学。

品牌的音、形、意都是很有讲究的。联通2006年开始变脸，由原来的蓝色变成了红色，现在红黑两种颜色，中国的感觉出来了。品牌的更名、修改要付出很大的代价，因此一开始就要设计好名称、概念、视觉，而且要注册。

要素6. 传播

品牌的传播是投放量与需求点的结合。品牌的推广，在投放量方面是有讲究的，如果没有足够的广告量，品牌树不起来，但也并不是广告量越大越好。中国人认为无酒不成席，感情深一口闷，所以所有白酒的广告都是做情感需求。沱牌怎么做？沱牌的广告叫"悠悠岁月久，滴滴沱牌情"，香泉的广告叫"人生百年，难忘香泉"，清酒的广告叫"喝杯清酒，交个朋友"，都是做情感需求。

以上六个方面说明，打造品牌是一个系统工程。你一开始做品牌的时候，一个代言人、一个概念就可以了，而现在需要学一套组合拳，才可以把品牌打造起来。品牌是市场竞争当中的制高点。像耐克这样的企业，到现在为止，一个工厂都没有，完全是一个虚拟企业。耐克只有三批人，一批做品牌，一批做研发，一批做终端。他们设计的产品让人家加工，人家赚1元钱，耐克公司平均赚22元钱。我们中国也有这样的企业，做得非常好的就是美特斯邦威，一家工厂都没有，但丝毫不影响它在中国服装业的形象。

品牌带来的启示

我们同学进入大学以后，尤其是进入上海交大这样的百年名校以后，除了完成学业之外,还要做好自身的职业生涯规划。要明白三句话:我在哪里?我想去哪里?我怎么去?我在哪里是你目前的状态,你感兴趣的是什么,你的特长是什么,你要有非常清醒的认识;你想去哪里是你的愿景;怎么去是你的路径。如果这三个问题你不明白,这不仅对个人来说是浪费,对国家来说也是一种浪费。在如今个性化发展的时代,你选择创新和创业,有非常重要的四个元素要想明白:你的特长是什么?你的兴趣是什么?市场需要什么?你选择的东西有没有好的前景?自己的特长,是你能做的;自己的兴趣,是你想做的;市场的需要,是你可以做的;未来发展的前景,是你可以长期做的。这是一个理性选择的过程。我建议大家创业的时候,一定要有理性的选择,要有远大的理想,而不是只为赚点小钱。

提问:我想请问现在很多企业都实行多元化,那么同一个品牌能否在不同的行业或者领域进行延伸和拓展呢?

回答:前年法国顶级奢侈品公司协会的人到上海来访问,人头马、路易威登、香奈儿的董事长都来了。我就问他们,品牌的延伸和创新的魂是什么?他们给我做了一个比喻,我觉得非常有意思。他们说像调咖啡一样,糖少了太苦,糖多了会太甜。品牌如果创新量太大,你原来的品牌根基就没有了;如果创新量太小,大家会觉得你这个品牌老化了。如果 IBM 不延伸到笔记本电脑,马自达不延伸到汽车行业,都不会有今天这样的成绩。你刚才讲的一些品牌,尽管它们有一些突破,但是基本上还是符合原来的品牌个性,所以问题不是很大。现在几乎所有的国际大品牌都面临品牌创新的挑战。索尼就因为创新不够,被它的徒弟三星超越了。

提问:您能对品牌战略执行需要注意的细节这部分进一步解释一下吗?

回答:当战略思路确定以后,细节是成败当中最核心的因素。我认为,现在的品牌,大的方向已经差不多了,关键就在小细节上。你现在看酒店,不用看星级,只要看细节就可以了。枕头是酒店最重要的环节,但是我们中国酒店的枕头基本上是一个太矮，两个太高。你打开电视机，好的酒店，频道一定是按顺序排列的，但是我们的频道都五花八门。再比如你到洗手间，两套毛巾、两套牙刷颜色都是不一样的，因为一个房间一般住两个人，如果毛巾、牙刷颜色一样，第二天都不知道自己昨晚用的是哪一个，最后两个人都不刷牙了。我们现在做任何事情，细节都是品牌当中最核心的环节。中国的针要向日本进口，因为日本的针眼是椭圆的，而我们中国的是圆的，椭圆的针眼比圆形的要大得多，这就是细节。中国从农耕经济直接进入到信息时代，没有工业化的文明。没有工业化的文明，就缺乏做细节、做规范的习惯。所以我们在座的同学们一定要补上这一课。最后，我把北京爱岗敬业的公交售票员李素丽的一句话送给大家：认真做事，就能把事情做对；用心做事，才能把事情做好。

三

创 业 路 径

服务业创业之路

汉庭连锁酒店创始人　季琦

我是交大校友。1985 年进入上海交大,1989 年本科毕业,1992 年硕士生毕业。我从 1989 年本科毕业到 1999 年创业,期间经历了很多,我把这叫做十年的漂泊路。在国企干过,干了两年多一点,但我觉得在国企干没有什么前途,便离开了长江计算机集团;当过倒爷,卖电脑给我们导师;然后去美国,在旧金山和洛杉矶待了一两年,觉得美国的天下也不是我的天下,这段时间一直在探索什么样的事业、什么样的生活才是适合自己的。直到选择创业,从一个小的个体户开始做起,逐渐积累。

一、三次创业的历程

1. 初创携程

做到 1999 年的时候,也就是毕业近十年的时候,开始了携程网的创业。携程网,携者同程的意思。当时携程网四个创始人三个人是交大的,一个是管理学院的范敏,一个是数学系的沈南鹏,还有一个就是我。那个时候我们四个人都不是特别有钱,创业的想法和动机很单纯,就是想在财富上有一个改善。于是,我们就借着互联网这个浪潮创业了。我们很幸运,用了差不多一年不到的时间,从 1999 年 8 月开始,到 2000 年 7 月左右就拿到了几千万美金的融资。

那时候正值互联网泡沫，正因为这个泡沫，我们携程才能够存活，没有泡沫我们也不能生存，拿到钱之后我们就基本上把这个事做成了。到2002年携程就开始赚钱了，2003年则在纳斯达克上市了。四年多做成了一个新创企业，其中包含着三个交大校友共同的努力。总结这次创业的心得，我觉得更多的是商业上的一些价值。最主要的是财务上的改善，没有更高的使命感或者说理想，没有太高的东西。能够发财致富就是我们的第一想法。这是我们创立携程的动力。

2. 再创如家

携程大概在2002年开始挣钱，我们当时多拿了800多万美金，现在看800多万美金不太多，那个时候800多万美金很多。2003年上市后我们的股权被稀释。这也是因为第一次创业缺少经验，怎么办啊？我们想把它挣点回来。第二个故事就是创办如家。

我们拿剩下的钱，当时是50万美金，开始做经济型连锁酒店。经济型连锁酒店现在遍地都是，上海有一百多家，但在当时市面上几乎没有，只有一家锦江之星。这就是机会，我们发现了，也把握住了，所以我们这次创业，也算是比较顺利的。当时我们的想法还是跟携程一样，创业、融资、上市，赚钱，把我们被互联网泡沫稀释的股份再赚回来。在如家的时候，我们也是一样，用快速行动的做法来创业。就是我们投点小钱，然后设计模型，去融资，然后迅速地增长，再用更高的价值获取更多的钱，迅速稀释我们创业人的股份，迅速做大，然后上市卖掉。我们也是比较顺利，四年的功夫，又在纳斯达克上市了。

总结这次的创业，主要是要把握机会，发现市场的缝隙，如家是满足了人们富裕起来后居家旅游以及商旅出差的需要，才能迅速成长的；同时，在方法上我们也有提高，能够更好地把握市场节奏和资本运作，迅速扩大规模，做出品牌，与对手拉开距离。

3. 三创汉庭

我在2005年的时候又离开了如家，原因有很多种，其中之一是这种快公司的做法，已经不能满足我的个人理想和追求。前两次创业都是为了物质回报，同时也是我们四个人一起做的,缺一个人也不行。但汉庭的创业历程对我来说是完全不同的,这也是我第一次独立创业,我想通过这次创业证明我自己,把自己的这种潜能、极限找出来,发挥出来。汉庭就是这么创立的,也是与前两次创业的动机差别所在。所以,2005 年我离开了如家,开始了自己的第三次创业——汉庭连锁酒店。汉庭就是中国的庭院的意思,一个很中国的名字。

首先还是要去观察,去发现机会。在如家的时候,我发现有很多来如家的人,喜欢再住得好一点,价格再高一点也能忍受。于是我就把汉庭定位于中档商务型酒店,和如家的定位错开一些。我这个想法比较烧钱,开始时做得并不成功,第一个店开在昆山,回报率比经济型酒店差,因为这个品牌很新。2007 年,我又重新杀回经济型酒店的行当,一是过了我的竞业禁止期,二是如家做得太寂寞了,要找一个好一点的对手才会做得更好一些。这次重新做汉庭的时候,我脑子里的东西都是现成的,行业、资本对我而言都非常简单,没有任何的弯路,所以汉庭做得特别顺利。这次我格外注意,或者说从前两次创业中吸取了很大的一个教训就是股权。到今天为止,我在公司里面的投票权超过 50%。我个人的股份就是 30% 多,相当高。还有大部分,另外两个创始股东也是交大的同学。总结这次创业的心得,我觉得需要发挥自己的优势,利用好过去的经验,选择自己熟悉、能发挥优势的行业。

二、创业的感悟

我做过的这三个企业有一些共同点,我觉得对在座的各位,不管你们未来创业或者不创业,都有一定的借鉴作用。

1. 团队

团队非常重要,尤其是创业团队。当今的社会非常多元,变化非常快,一个人干一件小事挺容易,但要干一件大事则是不可能的。你们要记住,将来不管在哪里,创业都不应该是一个人,而应该是一个团队。

这里有一点很有意思,我的三次创业都是和交大时候的同学合作。我们在交大读书时就成为好朋友,一直在一块儿,一起工作,也是私交很好的朋友,包括我们公司的很多高管都是交大毕业的。这或许对以后同学们的创业是个启发,初始团队很多时候都来自于自己的同学。我们的团队都是认识的朋友,很多都是同学。大学里,可能很多人骂啥也学不到,浪费时间,但是有一点,同学你不知道,你第一天进大学,带你去买彩票的哥们儿、姐们儿就是你一辈子的创业伙伴。那个时候,他也不知道我会跟他在一起做这么多的创业公司。团队非常非常重要,尤其是团队的信任感。同学间的信任感是自然而然的,因为我们读书是一起的,至少不会是骗子,所以说由同学组成团队的概率会更大。尤其是我们交大毕业的,素质、能力当然都不一样。

2. 融资

投资人的信任也非常重要。我一而再再而三创业,投资人跟着我投,主要是我把事当事做,虽然我们创业携程是为了赚钱,但是,从根本上来说,我们做事情不是唯钱、唯利,是通过把事情做好来发财,这样别人就认你。投资圈子里尤其小,如果一个创业者做了坏事,坑了20万美金,你可能就毁了,没有人信任你。你们即将踏入社会,对你们来说重要的不是工资多少钱,而是你身边的人,你的同事、你的同学对你的信任,这个比钱更重要。我做第三个公司的时候,当时有两个观点。一个是像我这种人,不应该投资给我,为什么?因为没有动力,你已经有挺多钱了。我两个公司上市,赚的钱也不算太少。他们说我这种人没有动力,不可能再为了钱去创业,他们认为只有钱才是创业的动力。还有一个理由是说,因为你成功地创过两次业,第三次创业成功的几率一定会大大提高。所以如果你想创业,可以多去尝试,哪怕失败也能获得宝贵经验,有经验的人再次创业,成功的可能性就会大增。

关于和投资者的关系。我觉得我的三次创业都与风险投资的支持分不开。也有人在骂投行,风险投资与投行也是一个生态链,存在一定有它的理由,关键是用什么样的心态来看?当你需要的时候,跪着求别人给你,当你成功的时候,就抱怨他们剥削我的劳动,让我没钱挣,我觉得这样的企业家还是要检讨、反省。这个世界上很多行业的存在是有道理的,不是没有道理,他收钱也是经过整个链条的检验,我觉得不能简单来看这件事,你吃亏了就怪别人。我们携程和如家实际上吃很大亏,但是我到今天也没有骂他们,我们四个人都不会骂他们,而且我们心存感激。

3. 初创关键期

我们基本上是一个企业三年要把它整个的框架和格局大概都确定下来。如果一个创业者三年还没有把这个企业弄成样子,那么要反省一下。新兴的创业公司尤其是新兴服务业,三年是一个坎儿,三年没有做成,你就要好好想想这个路对不对。我做了三个公司,很幸运碰到了三次大事,第一次碰到了互联网泡沫,第二次碰到了非典,第三次碰到了金融危机。也许这个社会发展越来越快,这种所谓的大的事件会越来越多。但是我觉得这三次大事,实际上让我这三个企业都上了一个台阶。泡沫的时候,我们的坚持、我们的聪明才智、我们的战略眼光、我们的创新意识就可以凸显出来。就像是森林里的树,夏天里什么树都长得好,如果天气变冷、阳光变少,很多树就会死去,那些死去的树为还活着的树提供养分,那些活着的树才会长得更高更大。我觉得这些才把我们企业推得更高,让企业通过难关消灭对手,获得养分,并且走向更高的起点。

4. 行业选择

我是力学系的本科生,机械所的研究生。我现在从事的是旅游、宾馆服务业,感觉是改行了。交大原来没有这样的专业,现在可能也没有吧?其实这些是非常非常传统的行业,说难听一点,就是倒机票的,开小旅馆的。但是我给她冠了一个比较好的词:中国服务。

现在创业很时髦,创业成为交大学子生命中一种力量的迸发,将来创业往哪儿跑?我的建议就是往服务业跑。道理何在呢?我跟你们分享一下我的观点。

有人说美国梦,大家都知道美国梦,所谓美国梦,最典型的代表就是硅谷,一个穷学生，甚至大学没毕业的比如说乔布斯，在车库里卖电脑，这样一卖就成了美国最大的电脑公司。一个平常人通过自己的努力创造了企业，个人的财富可能是世界的成功，每个人都是平等的。在过去，中国人没有梦想，包括我那个年代，我们都是被设计好的，毕业之后就到船舶设计院、建设事务所或者其他什么单位工作，而现在能够创业、能够自由地选择职业，我觉得是中国梦的开始。如果中国有什么梦可以实现，我觉得就是在服务行业。过去这个行业被长期地压抑着。我们上海最好的宾馆在哪儿？在市政府手里，而锦江、东湖都是见缝插针。我们的航空公司在哪里？全部都在国资手里，国航、东航、南航。我觉得我们国家很多服务业资源被长期压抑着。邓小平同志三十年前提到改革开放。中国经历了这么多年的改革开放，老百姓有钱了，想享受了，想玩了，这都是服务业应该做的事。这个时候服务业的需求是被长期压抑着。尤其是近十年，我觉得是以指数级迸发出来。我们今天在压紧银根，不让银行贷款给开发商，但民间有非常多的钱，没地方去。中国压抑的需求和产业的发达，使得服务业充满了机会。

所以我觉得过去三十年，中国是一个粗放的、野蛮的、简单的增长模式，就是制造，然后用大量的廉价资源、人力、土地、环境甚至资本来发展中国制造，中国制造使中国发生了翻天覆地的变化。但是未来中国的服务业会取代制造业成为中国的经济增长点。我与大家分享一个故事。这个故事是我听来的。一个山东人，他有一个邻居是养猪的，另一个是养鸽子的。养猪的每年很辛苦地抓了猪苗来养，每年年末剩一头猪杀了给邻居分点。而鸽子体积小，花的钱也少，鸽子飞出去后还能把野鸽子带回来，它们的后代也繁育得很快很强。所以养鸽子的三两天杀一回鸽子吃，每年日子过得都很舒服，从头到尾都有鸽子。养猪的哥们儿是制造业，一年吃一次肉。重资本，发财的是少数人，往往是投资人、工厂业主，工人是发不了财的，就是过过日子。养鸽子的就是做服务业的，做服务业的是能让很多人发财。

服务业不仅充满了机会，而且充满了奇迹。我算了一笔账，不考虑国外的市场，仅中国的市场，我们如果能够将汉庭做到一万家，它就会成为中国酒店业的霸主,也会进入全球至少前十名。今天,我们的汉庭在上海才100家,烟台才两三家,我们的增长空间非常非常大。我们的高增长必然形成资本市场的高投资预期,我们的大规模会形成很高的盈利,这样就可以把企业的市值拉高,使我的融资成本降低,我们未来一定有能力购并国际上的品牌,我不知道会是十年,还是十五年。希望在我的有生之年,把美国的洲际、万豪买了,这很正常,因为它们的增长停滞了。资本市场是买增长,不是买盈利。

由于中国巨大的人口基数,在中国不单单是酒店业,在很多很多行业,我们都会成为世界第一的公司。这样一个沃土,一个金矿,遍地是黄金,没有必要去美国留学,没有必要去印度淘金,在中国服务业创业、就业,其挖掘的潜能非常非常大。

三、创业准备

最后,说说如何准备创业。我觉得自己很幸运,这十年非常幸运,虽然毕业之后也走了很多弯路,但这十年让我很顺利地实现了我第一步的理想。

1. 创业是一种人生状态

我觉得我自己还是极富企业家精神的,这与我们上海交通大学的文化分不开。我为什么进交大?因为看到交大当时的一份校报,是何友声写的第一版,这样的老师适合我,所以我觉得这样的学校适合我。我刚刚总结了一些企业家精神:冒险、牺牲、激情、直觉、心胸、执着。冒险精神、激情、坚持,这都是跟我们交大的校风有关,那个时候的校风让我们这些学生真的这样。交大还是适合培养企业家人才的。

很多人觉得我十年做了三个上市公司,一定赚了很多钱。说老实话,回头看看,创业让我得到的不是赚钱,是我人生的变化。当我第一次创业的时候,懵懵懂懂的,非常物质,是非常原始的一个创业状态,心胸、眼界非常窄。做汉庭时,当你不再为金钱、物质等很具体的事忙乎时,你一定会找到更高的或者是精神层面的东西,你发现你看待事物的角度也不一样了。所以汉庭对我的意义是根本性的。通过一个公司,两个公司,三个公司,有很多同事,碰到很多人,处理了很多关系,做了很多事情,经过了互联网泡沫、非典和金融危机,我觉得自己的心态、人生、价值观、人生观都发生了巨大的改变,这是我十年创业最大的收获。

2. 创业需要知识储备

交大的一个校训是饮水思源。当时不理解,我想学校太小家子气,还没毕业就要教育我们饮水思源。现在我理解了,我想想我自己的源头是在我们交大。

我是学力学的,当时觉得没用,天天在那儿搞微分方程、线性代数,那个时候非常累,但是我的抽象能力、学习能力、逻辑思维的训练,正是在力学系训练出来的,当时是为考试训练出来的,后来发现还是有用处,我三个月就能够明白一个行业。这不吹牛,你们一定行,如果是正而八经学习的话,学理的、学工的,介入其他的行业非常容易,三到六个月可以把一个行业搞明白,没有问题。这就是那个时代给我的东西。这些东西实际上在你的心里面,指导着你往前跑。

我在大学里所学的,实际上奠定了我这辈子的基础,我如果没有所学,就不能这么快地把握人、把握事,不能这么快地抽象、综合、运用。所以说大学是有用的,不是没有用的。

3. 发挥自己的优势

当时我做经济酒店连锁,我抱着必胜的信心。我看了看,酒店行业大部分都是高中毕业生,上过大学的很少,大部分都是经验型领导,他们不知道通过一种跳跃式学习方式来往前走,都是师傅带徒弟,这样肯定是一代不如一代,非常保守。我进这个行业,就是拿着机关枪进了原始部落,我当时做了很多的改造,他们意想不到。我们交大的同学学线性代数、物理的脑袋,任何行业都不要怕,三个月时间就可以精通一个行业。搞一个相对论三个月来不及,如果你研究农业、旅游、餐馆,你们要有这个信心,三个月肯定就够了。我当时就是三个月！我到锦江之星开房间，量尺寸、画图纸。三个月，我对这个行业的投资结构、人房比一清二楚。服务业真的很简单，你们可以成为领军人物。我希望在资本市场和政府的推动下，在中国市场的抚育下，能有越来越多的高素质人才进入传统服务业，把这个行业带动起来。

这个世界会越来越快，你会发现你爸妈这代人，好像比你们这代人慢很多，你们一会儿 iPhone 3，一会儿 iPhone 4，一会儿 iPhone 5，这个频率很快。所以你们一定会超越我们！你们的故事一定会与我们的不一样，也可能会更精彩，也可能不怎么精彩。我坚信这个世界会越来越好，你们也会比我们有更精彩的人生，更亮丽的人生。我把我的十年与你们分享，这只是一个简简单单的校友的小故事，没有什么太多的特别之处，神奇之处。再过十年、二十年，当你们的年龄跟我相仿时，我相信会比我有更多故事，一年做十个公司也是可能的，站在这个讲台上跟你们的同学一起分享你们的十年。这是你们的世界，我希望看到你们的精彩！

提问：我是工科专业的，我想问一下，我们工科的人生规划、职业规划应该如何？

季琦：顺从你的心。这句话非常对，你实际上不知道你要去哪里。你不知道将来你会是一个官员？会是一个教授？还是将来会失业？还是成为乔布斯这样的伟大的企业家？真的不知道。我那个时候也不知道。我那个时候想，我将来应该让自己变成一个什么样的人呢？我觉得都是徒劳。你只能把握好你面前的每一件事情，每个机会，每个朋友，每个人，让这个过程充分地有黏着力、有价值、有意义。然后你这一生所谓的意义，就定义了你这一生。我刚刚讲的是创业，但如果你要就业的话，制造业当然是很好的一个机会，不是说制造业就没有就业的机会了。

提问：人的理想会随着时间、阅历变化，是吗？

季琦：当我在携程赚到钱，我的财务自由之后，我的理想是证明我自己。

当我证明过我自己之后，我的理想就是更高的境界，让我的人生、让我的生活更加精彩和自由，我觉得空谈理想没有意义，一定是你心里的东西，我要什么？大家扪心自问，我想要什么？不要听别人说，也不要听爸妈说，问自己，我的理想想清楚了吗？我觉得脚踏实地，一步一个脚印是最好的理想。

传统 IT 行业的创新

中国本土首位英特尔公司的首席工程师　黄波

我将和大家分享一下创新方面的基本认识和理念，一共四个方面的内容。首先是英特尔公司的创建，里面有很有意思的故事，这些故事对大家一定会有所启发。然后看看什么是创新，怎样把新想法最后变成真正的产品，可以带到市场上变成有价值的东西？接下来大家一起探讨，到底创新是什么，和我们平常说的发明有什么不一样？最后，为什么创新比较重要，如何进行创新？

英特尔公司的创建

英特尔公司成立于 1968 年。三位创始人分别是罗伯特·诺伊斯、戈登·摩尔和安迪·葛洛夫，四十多年前的硅谷，这三个人怎样创立公司的呢？创立这个公司最关键的只有一个人，那就是罗伯特·诺伊斯。罗伯特·诺伊斯最著名的是什么？大家看某些历史一定会找到他。诺贝尔奖颁给了一个集成电路的发明者。实际上，集成电路的发明者有两个人，一个就是罗伯特·诺伊斯，他 1968 年申请集成电路专利，同时另一个公司的一个人也在申请。当时很难判断到底是谁先发明的，美国专利局就把专利给了两个人。三十多年后，到了 90 年代，很不幸罗伯特·诺伊斯那时已经不在人世间了，所以另外一位集成电路的发明者获得了诺贝尔物理学奖，他是德州仪器公司的杰克·基尔比。

这给我们一个启示，创业也好，工作也好，健康很重要，一定要保持足够的体力战斗到最后，坚持！

当年罗伯特·诺伊斯在公司里觉得干得不过瘾，就想自己创业。他融资的过程只用了5分钟。在座各位，如果想创业的话，你们觉得要花多少时间可以融到你们期望的资金？大家会很忐忑，可能觉得时间会很长。罗伯特·诺伊斯只用了5分钟，筹集到250万美金。他打了一个电话给他的朋友，说了一下他的想法，他朋友说，我相信你，我一定帮你筹集到你开公司所需要的资金。这个朋友是他平时徒步、登山、野营过程当中认识的，其实他自己也没有那么多钱。在1968年，250万美金可不是小数目。十年前的1万元和现在的1万元不能比，何况是1968年左右。他的朋友两个小时打了15个电话，筹到250万美金。这250万美金就是英特尔创始的启动资金。这250万美金，有他野营的这个朋友个人的30万美金。正因为他有30万美金，他成为英特尔董事会的第一位董事长。如果当时他的30万美金占的期权没有兑现，到现在大家算算，他的财富到底有多少？

这个故事说明什么呢？我们讲创业，创业的过程其实有一个非常关键的地方，就是你的人际关系。每个人想一想，如果我们现在给我们的好朋友打电话，多少人可以在5分钟内就答应借钱给你，而且是借不少的钱给你。扪心自问一下，是否可以达到这一点？第一，你要认识足够多的人。第二，要在别人的心目当中留下很好的人品印象。你人品不够，人家不相信你，有钱也会不借给你。如果平时我们积累的人脉关系足够，你的人品也到了一定的程度，这将对大家的创业有很大的影响力。

英特尔从创立到现在，有五代领导人，每代都有各自的特点。诺伊斯是集成电路的发明人，某段时间担任公司CEO。第二位是摩尔，创造了摩尔定律。第三位是葛洛夫，最主要的看家本领是管理。第四位是贝瑞特，制造专家，让英特尔所有的工厂，不管是在哪里，在巴西、美国还是中国，不管什么时候造的东西都一模一样。听起来好像很简单，但可以想象，工厂里面制造CPU这么多工序，要完全一模一样不那么简单。第五位是欧德宁。以前我们是工程师文化,我们很有想法,做很多东西,我们相信我们做出来的东西客户需要。事实并不然,我们觉得客户需要的,客户可能并不需要。这位 CEO,让我们每个从事研究的人,首先想到客户的需求。创业也是一样,我们以为自己的想法很酷,别人一定会要,这是我们自己的想法,客户是否真正需要呢?我们要更多地找机会跟真正的客户沟通,知道在他们心目中他们想要什么,什么功能是他们最关注的。

每位领导人都有他们的看家本领,我们自己创业也一样。你要做公司,产品要有独特性,或者想要在竞争的氛围里面脱颖而出,一定要有与众不同的地方。作为创新企业的合伙人,在座各位去创业,肯定是合伙人之一,你们想,怎样构造自己的核心竞争力,让自己有一个品牌?

现在的 CEO 欧德宁说过:“无论是产品创新还是企业责任,我们都把其作为一项光荣的事业,立志精益求精。”第一,光荣的事业,什么意思?我们作为英特尔的一分子,我们要把工作作为光荣的事业。做任何事你要有自豪感,要有激情。任何的创业,没有激情你就不可能成功。你有激情把一个东西从头到尾做出来,还要有激情带到市场,让它最终成功。整个过程里,不可避免地会碰到很多困难,只有激情才可以支持着我们在碰到困难时坚持下去,不断进行创新活动,最后走向成功。第二,精益求精,我们做产品,不同的人态度不一样。有些人感觉我做出来了,但做出来是不是就可以了?没有最好,只有更好!你要不断地去看你现在的产品,你现在的想法到底哪些地方可以改进,到底怎样才能为客户提供比较高质量的服务和产品。精益求精是真正让你有创新想法的原动力。没有改变现状并把事情做得更好的驱动力,这个 idea 本身就很难出现。

什么是创新

创新到底是什么?不同的字典定义也不一样。英文辞典里面:一是推出新事物;二是提出新思想、新方法。技术创新意为推出新的产品、材料或者将新的设备投入使用。所有的定义里面,都有新字。英特尔创新中心将创新定义为:采用某些新事物,从而为使用它的人和组织创造价值。创新和发明创造有什么不一样?英文里面,这两个词的定义有很大的区别。不知道在座有没有哪位同学申请过专利,申请专利的时候不需要做出产品,也不需要说产品是否会成功,不需要考虑它的前景。你想做某样产品,你就可以申请专利。专利局的人看这个想法没有人想过,就批准你了。创新是你要把想法实现,变成新的产品,最后在市场上体现它的价值。创新,要付诸更多的努力,整个过程当中,一定要坚持,不抛弃、不放弃,直到让它成功。

从小到大每个人都会参与过一些创新。从人类的历史来看,火、语言、轮子等都是创新。人类社会开始的时候,很多东西都没有。后来发明了火,并利用火烧煮食物,当然,用火还可以做很多其他的事。语言的产生也让我们的沟通更迅捷。

我们身边也有很多例子,像烹饪、驾驶、工作。说到烹饪,是否可以告诉我你们怎么切葱的?拿过来,一切就可以了。我说,二分法,切一半放过来,再切一半再放过来,这样就可以花比较少的时间。一种好的方法和不好的方法是有差别的。要达到一个目标,有很多种方法,关键在于我们是否知道各种方法间的折中点。任何的方法都有缺点,也有优点,不可能有一种方法完全没有缺点,或者一种方法没有任何的优点。我们做事情的过程中,创新的过程中也是一样。一个人的成长,最关键的是面对不同的路径,我们是否真正懂得每条路径的优缺点在什么地方,最后我应该按照什么原则找到一条适合自己的最好的方法。

谈到创新,自然会想到苹果公司。iPad,iPhone,这样的产品是不是苹果第一个推出的?按照品牌,当然是的。但类似的产品,在苹果推出之前已经有了。只是先辈们的产品死在沙滩上了,没有获得成功。即使你第一个推出产品,但不代表你第一个推出的产品在市场中可以真正成功。真正成功的是你推出这个产品的时候,你怎么样能尽快地抓住大多数的客户,让这些客户对你的产品保留他们的忠诚度,而且他们愿意口口相传,向认识的人介绍“这个东西很好,你也买一个吧”。如果你做到这一点,就离成功不远了。

再看三种创新,突破性、渐进式和再运用式创新。突破性就是原来没有,你搞一个新的东西出来。随着科技的发展,有人也抱怨说,我们现在出生在一个不好的时代。如果早出生几百年,我有很多的想法。所以,突破性的创新相对来说比较难找到。而渐进式的创新是,已经有了一个做法、一个产品、一种解决方案,我们怎么样才能做到更好?某种角度上,有往前推进的一步。第三种叫再运用式,即把某个领域、某个产品上的方法用到另外一个产品上去。

最简单的突破性创新的例子就是交通工具的发展。最早在美国,从东岸到西岸,骑马,一个人要花费两个月的时间;汽车,可以载四个人,速度提高很快,6 天就可以实现;飞机,一架大飞机可以载 300 人,只要 5 小时。交通工具的发展,从马到汽车,再到飞机,这就是我们熟悉的突破性的创新。对我们公司来讲,从晶体管到集成电路,这也是一个突破性的创新。

渐进式的创新,同样以交通工具为例,讲到飞机,一开始的飞机是什么样子的?1903 年,第一架飞机面世,然后 1920 年、1940 年、1980 年,随着时间的推延,飞机的速度越来越快,人在里面坐着也越来越舒服,而且坐飞机的价格也越来越便宜。在国内也是一样,80 年代你即使有钱也不一定可以坐上飞机,坐飞机是身份的象征,一定要有批条才可以坐上飞机。现在,只要你有身份证、有钱,就可以买飞机票。飞机也越来越安全,越来越可靠,越来越便捷。这就是渐进式的创新,随着时间的推延做得越来越好。我们公司的处理器,从 4004 到现在,集成度、处理能力等都得到很大的增强。

讲到再运用创新,强力胶是一个很有意思的例子。你做家具,或者是将两种材料黏在一起,都需要强力胶。但后来强力胶被用作了外科缝线,这个在当年引起了很大的轰动。手术以后用强力胶缝合,整体的感觉、留下的创口各方面都会好很多。CAD 也是一种创新,计算机辅助设计,最早用在建筑上,之后用到航空、半导体行业。现在我们的芯片就是计算机辅助设计出来的,这么小的一个地方有很多层,每层有不同的设计,没有计算机辅助设计,你很难设计出复杂的芯片。不知道在座的各位，在你们生活里面，或者是在你们学习过程中，你们有没有一些例子是再运用式创新？

几周前上海有一个青少年科技发明大赛，我们看到一个学生，挺有意思的，他就是用再运用式创新。他学了很多数学的东西，把数学方面的方法用到股票分析上，分析股票的曲线。他虽然只是一个初中生，但他的分析也是挺不错的。他把课堂上学习的数学知识，运用到股票的分析里面，这也是一种比较有意思的创新。如果大家平时多思考，你们可能会发现，将某个领域的知识用到另外一个领域的话，会有意想不到的效果。

了解创新的几种类型，这对创新的人来讲非常重要。创新，并不是遥不可及，或者是很难的事。在生活的各个地方，或者是在一件事情的不同阶段，都有创新的可能。从商务的角度来讲，你在商业模式上可以有创新，选择跟谁合作上也可以有创新。你产品做好了，你卖产品的渠道，市场策略，给客户带来不同的用户体验，都有创新的可能。我觉得最主要的一点是，创新存在于生活的每一个角落，存在于做事情的每一个环节。如果我们平时能常常挑战自己追求完美的想法，你们会发现可以找到一些与众不同的解决方法。

创新的价值

对一个企业来讲，创新意味着什么？这是统计公司做的一个统计，对世界500强的公司进行评价，创新也是评价的一部分。统计发现，创新性排名比较靠前的公司，每年的利润增长率比一般的公司要高。前25家的平均年利润增长率是3.4%，一般的公司是0.4%，相差大于8倍。这给我们一个启示，你是否有想法，是否有创新，会影响你公司的运作。对每个人来讲也一样，那些比较有想法的同学，可能会做出一些与众不同的事情。

创新的价值，不仅对公司，对客户、股东、员工都可以带来好处。对股东来讲，一个公司要创新，收益率就会比较好。苹果是创新性很强的公司，通过开发新的产品最终使股票上涨,带给股东利益。对员工来讲,如果你们去找工作,你们也希望找的公司不错,创新方面也与众不同。很多同学择业的时候会考虑到这点吧。如果一个公司比较创新,则会吸引更多的人才加盟该公司,这是一种良性循环。好的公司能够吸引好的员工,开发出好的产品,让公司更好。对客户来说,好的产品多花点钱也值得,有质量的保证,另外好的品牌感觉也会不一样。从不同的角度来看,创新的价值都存在。

总体来讲,创新可以带来比较大的业务价值。公司在某个阶段会发现自己产品的竞争力在减弱,竞争对手的在增强,不创新就会面临很大的问题。

我讲一个英特尔的例子。当时在英特尔,有一个微架构,并不是英特尔总部设计的,总部在美国,但设计 Core 微架构的团队在以色列。2001 年的时候他们做一个项目,一夜之间,大家本来信心百倍地做事情,第二天收到一个电子邮件说这个项目被取消了,1 000 多人一下子没有工作了,但也正是这 1 000 多人开发了 Core 微架构。他们在失败中很好地吸取了经验教训,从失败当中找到了很多影响未来结构设计的方法。他们原来的项目里面,低功耗是很大的要求,虽然项目取消了,但他们觉得绿色能源是未来的主题,这个方向要做下去。熬了几年之后,做出一个新的架构。从某种角度来说,他们拯救了自己的同时也拯救了公司。一个团队的成长,需要从失败当中吸取经验教训,对我们每个人也一样。相信在工作的过程中,大家或多或少会碰到一些问题,会经历一些失败,重要的是如何从失败当中吸取经验教训,为未来的路提供更多的价值。在别人成功的例子上你可以学习,在失败的例子上你可能学到的更多。特别是真正经历过一些失败,如果可以很好地总结,对人生来讲将是很大的一笔财富。

如何进行创新

做任何事情都需要时间。学生要创新,那么该如何在学业和创新方面分配时间呢？对工作的人来说，要完成很多本职工作，如何把本职工作和额外创新工作做很好的分配？创新，你需要去想，要有思考的时间。一个好的想法不可能凭空产生。很多人看到苹果掉下来，为什么牛顿会发现万有引力定律？对这个问题，他已经经过很多思考，最后一刹那，把眼睛看到的现象和以前的思考结合在一起，想出了一个可以影响物理界的定义。我们平常有一句话，idea 都很便宜，你要花大量时间的是怎样把这个 idea 变成最后的产品，所以你需要花时间做实验，做研究，做原型。你做好了以后，还要花很多的时间讲给别人，说服别人。比如你要找 VC，要有 BP 说服对方投资。另外，产品最后要到市场上获得成功，也需要很多的时间。如果大家要做某项创新活动，还是要很好地做计划，为自己预留好时间，最后把创新从头到尾地做完。

在这个过程里面，承担风险很重要。任何的创新活动，你没有办法保证它一定会成功，都有失败的可能性。首先，我们要分析，哪些地方可能会出问题，哪些地方会失败，如果出现问题怎样把问题解决。让产品、让创新活动朝良性的方向发展。我们有勇气承担风险的时候，也要有计划地减少风险的发生。风险发生的时候，要尽量把风险降到最低。即使我们努力这样做了，有时候失败也是不可避免的。每个人都要有这个底气。

有的时候会提到“提出新方法”，不同的公司、不同的单位有不同的方法。对新想法的讨论，不要当别人一说出来的时候，就说“这个不可能行得通”，或者说“这个我以前尝试过，失败的”。工作的过程中，每个人都会凭自己的经验对某些想法进行一定的评判，但是我们在谈论一些新想法的过程中，或者我们脑力激荡的过程中，如果我们以批评的态度居多，新想法可能就比较难产生。讨论的过程中，我们要做的一件事是什么？尽量用鼓励的方法和别人沟通，看到别人想法当中好的地方；或者看到哪些是可行的地方，先进行鼓励，然后肯定，再接着看对那些可能有问题的地方或者可以改进的地方，以什么样的方式去改进。一个想法，原来并不是很完美，通过讨论可以变得更完美，而不是想法本身有缺陷就说这想法行不通。

英特尔有一个院士，90 年代就提出一个想法，他说现在计算机的外设接口太复杂。现在我们用电器有一个插座,插上去就可以工作,以后是不是所有的外设,比如存储设备等,就像插座一样,插上就可以工作?90 年代他提出这个想法时,很多资深的人嘲笑他。这是一个反例,别人说不可能成功的。当时他是一般的工程师,他就有一个远大的理想。每次别人说,你不可能成功,你这个东西有问题,他就记下来。他说:“你能不能告诉我,到底哪里会出问题?”他写下来,这样跟很多不同的人沟通,每个人给他一些批评的意见,他都记下来。然后回去做工作,看看哪些真的是有问题,哪些并不是问题。过了一段时间他的想法完善了,再跟那些人沟通,说上次你跟我说的问题,我找到了一些方法解决。别人感兴趣,说你怎么解决的?后来他把给他提意见的那些人变成了他的合作者。他要做一个演讲,所有有贡献的人他都写在上面,说这些人原来对我的想法提出了一些建设性的意见,现在都考虑进去了。经过很多次的轮回,最后他发明了 USB。经历了很多年别人的批评,这个人难能可贵。有一年他得到的年终评价很差,他无所谓,他有理想在这里。实际上,他的理想比短期一年的评价更重要,他终于成功了,也评上了英特尔院士。英特尔 9 万多员工,一共只有 50 多位院士,不容易。现在每个用计算机的人都知道 USB 是什么东西,非常可贵。

大家和别人讨论的时候,应该更多地以建设性的方式沟通,研究怎样把一个东西做得更好,而不是一开始就把别人击倒。

创新,是一种团体性的活动。团队精神,在工作过程中非常非常重要。对一个创业团队来讲也一样,每个人都有自己的优缺点,有的人善于解决技术性的问题,有的人有商业头脑,能够更多地从商业模式、从市场角度考虑问题。一个创新团队,它需要由不同的人组成。一般来说,一个人拥有所有的技能,这种人是天才,在世界上是不多的。在进行创业的时候,我们也要善于发现身边有哪些人可以和自己的优缺点互补。比如自我分析,我的优点是什么,不足是什么。我们做事需要有什么技能的人?这些技能的人在哪里可以找到?有一次,我记得有人访问一个 VC,一个很有名的天使投资人。就问他,在你决定投资的时候,你最看重的是什么?他说,团队。看人比看你的东西、你的想法，有的时候更重要。他觉得，这个人靠谱就可以做出好的事情。像罗伯特·诺伊斯，一个电话打过去，朋友说你靠谱，我相信你。对我们来讲的启示是什么？我们要看看，怎么样有可能找到一个比较好的团队，同时一定要让自己的人品得到大家的认可。这样别人投资的时候，倾向性就更强一些。

对我们身边的创新多鼓励。每个人都有不同的想法，当别人有比较好的想法时，怎样进行鼓励？真正自己去开一个公司的时候，大家会发现，鼓励创新是很重要的，必要的时候甚至可以立奖项。我们公司，每年都有一个创新大赛，鼓励每个员工将其想法写下来放到一个 Web 上，有专门的委员会对这些想法进行评判，从中选出比较好的。就像超女选拔一样，一轮一轮地。先选出 30 个比较好的想法，30 个里面再选 15 个，最后 15 个里面再选 5 个。选出比较好的想法后，对比较好的想法在资金、人力上进行配备，鼓励员工把这些想法做出原型。有一年，我们对最高的那个奖了 2 万元，大家士气比较高涨，努力想一些和现在做的项目没有关联的东西也可以得到认可，这在某种程度上让大家的主观能动性得到提高。有些想法和项目没有关系，但创新就在我们的身边。我们做项目都有需要改进的地方，如果我们可以对需要改进的地方进行很好的分析、认识，最后提出一些方法，这样对我们做的产品也会有很大的帮助。

创新，光说不练不行，每个人，只要你有一些想法就进行操练。自己的想法，通过自己的努力，通过团队的努力，变成现实，变成产品，变成有想法的东西。

以前我们公司一进门墙上就有这样的一句话："不要让过去成为您的绊脚石，放手去追求更新更美好的事物。"这是罗伯特·诺伊斯的原话。不管过去怎样，大家有好的方法就要努力尝试。

提问：我想问一个比较流行的话题，关于山寨与创业间的界定问题。腾讯,我们都知道,业界的评价有些争议。它在做产品的时候,很多是把别人的想法直接挪过来,但它还是创造了一些新的东西,比如本地化,等等。关于山寨、创新,都是在做一个其他人也许没有做过的事情,哪怕是加上自己的框架。您对此有什么看法?

回答:先说山寨。某种角度来讲,山寨也是一种创新。为什么?一些东西原来制造成本可能很高,但它把制造成本降了下来,而且把入门的难度也降了下来。任何一个ODM厂商,我要做一些东西,只要把他的模板拿过来做很少的改动就可以开发成自己的产品。包括软件集成,都是很好的创新。但是山寨可能对某些产品在某一段历史时期带来商业上的成功,但是你需要长期、稳定发展的时候,除非你山寨更彻底化,以更低的成本、更高的集成度、更快的推出产品节奏,你才可能赢得市场。没有最好,只有更好,不管你做什么东西,还是要不断地以更好的工艺、更好的流程、更好的产品赢得市场,市场竞争非常激烈。

创新和商业成功是不是有必然联系?有的时候,我是创新,那我一定会创业成功吗?不一定。iPad,iPhone,类似的第一个产品并不是苹果第一个做的,要真正成功有很多的条件。首先,公司在技术上不是处于领先的地位,可以参照别的公司的想法。但有一个底线要注意,就是你千万不能拷贝别人的知识产权。因为知识产权这个东西,可能现在在我们国家执行力度不是特别得厉害,但从长远发展来讲,我相信知识产权会受到越来越多的保护。

提问:英特尔已经是半导体行业的领头雁,引领半导体行业的发展。现在的半导体发展越来越快,请问从技术的角度来说,半导体处理器应该往哪个方向发展?是改变架构?还是什么?

回答:现在22纳米的技术,在实验室基本上成熟。如果你关注计算机的发展,讲到量子计算、生物计算,有很多新的技术都在研究。光,也是在研究的一个课题。英特尔有一个英特尔实验室,对下一代计算、芯片设计方面也做了很多的研究。按照物理学的研究,遇到一定的瓶颈,下一步该怎么走?没有明确的答案。比如说在90年代,说再过五年、十年就不能再发展了。但2000年,我们又往前迈进了。随着科技的发展,很多原来你觉得不可能的事情,最后发现它还是可能的。这和我们今天讲的创新有关系。你把不可能变成可能,这其实是很大的创新,也要承担很大的风险。大家都觉得不可能,为什么大家觉得不可能？什么东西不可能？限制因素解决掉,是不是就变成可能了？有一段时间说45纳米不可能了,现在说22纳米不可能了。实验室里面,12纳米左右还是可能的。按照两三年一代,很明确地看到,还有十年的路可走。以后是不是还会往前推进,这是一个话题。即使不能推进,还会有替代,看哪种计算法可以提供比较可靠、高速的计算。

提问:我想了解下您不断成长、不断突破自己的动力是什么?

回答:其实,不管在学校里面,还是在公司里面,如果要做好,有一点很重要,你要有自豪感、要有激情,对你做的东西一定要有激情。如果我工作的目的就是养家糊口,很简单,有房子之后,一个月一两万薪水就够了,没有必要再搞什么东西了。物质的东西,在某个阶段会有激励。根据马斯洛模型,有不同的需求层次。但变成人的原动力,是你对这件事本身的真正喜好。有的时候我和同事们沟通,首先一个人要先了解自己真正喜欢什么东西。读专业,当时高考的时候,父母说你要读这个专业,但有的时候你根本不知道那是什么就去读了,有的时候因为这个专业考分没有那么高就读了。现在大学有一个很好的体制,让大家重新看看,到底喜欢什么,大家围绕自己的兴趣爱好去学习,做事情,你会发现你的天地会比原来宽广很多。找到一份你自己喜欢的事,并且努力奋斗,相信成功一定离你很近。

提问:之前看了您个人的一些信息,对您的评价,包括员工对您的评价都很好,很平易近人。包括你帮属下解决问题,弄电脑,员工对您的印象很好。您一直主张给员工构建一个比较和谐的环境。一般技术出身的人,管理方面做得不怎么好,您这个方面是怎样做的?

回答:现在整个国家讲和谐,我们讲团队。人和人在一起是需要缘分的,大家有机会一起做事情,就要珍惜这个缘分,要互相尊重。英特尔是一个非常开放的公司,在内部没有任何的等级差别。很多人去我们公司总部会发现,我们 CEO 的座位和一般员工的座位大小一样,没有专门的 CEO 办公室。在这样的环境下,大家都是公司的一分子,是平等的。大家工作的时候,发挥不同的角色,把事情做好。对我们来讲,互相尊重,互相支持,这是我们最基本的一个原则。在这个原则下,大家怎样一起把事情做好,这是非常关键的。我们也可以看到,在公司里面很多资深的人做得很好,起模范带头作用,我们自己知道该怎么做、怎么学习。

互联网产业的创业

时任光速创业投资董事总经理　宓群

我将从三个方面与大家分享一下互联网的创新和创业。第一，我个人的经历，包括我学习、工作的经历；第二，从一个独特的角度——Google来说创新，在硅谷有一个创造奇迹的公司就是Google，我有幸当时在很早的时候加入了Google，为什么Google能保持创新的发展；第三，创业很重要的是需要有资金的支持，所以，从我现在做的风险投资这个角度跟大家谈一谈创业的一些考虑。

一、遵从自己的兴趣

1. 我的求学之路

我父母都是华师大教物理的老师，所以大学时候我也选择了物理，但是我内心很喜欢计算机和数学。我是在上海市少年宫接触到第一台电脑，当时就对此产生了浓厚的兴趣。后来我就自学，读了大学计算机的教材，比如数据库的原理，包括自己做项目，因为这是我自己想做的。

到了选择研究生专业的时候，我就有了自己的主见，后来我到了普林斯顿的电子工程系。在这里面我有一些感触。第一，多元地吸收知识。我到了普林斯顿大学，我的导师跟我说选修一些跟电子工程没有关系的课程，我觉得非常奇怪，他建议我去修文科、历史或者是其他感兴趣的。当时我没有听他的话，我觉得从物理转到电子工程我要恶补一下，现在我倒过来看还是挺遗憾的。乔布斯在大学辍学以后，作为一个旁听生上的一门课就是书法，整个学校里面贴的海报都是手写的，当时他学习到很多的字体、设计，所以有机会大家可以接触一下不同的学科，这对大家今后会很有帮助。

第二，接触实际产业。我在普林斯顿读了硕士、博士，发表了很多的论文。但想接触实际产业，我跟导师说想去硅谷看看，学电子工程都是做芯片和新的材料，真正应用还是想到硅谷。硅谷是芯片之都，当时最大的芯片公司是英特尔，我想到那里去实习，但是人家不到普林斯顿来招生，因为我们在东岸，他们在西岸，所以我查他们总机的号。我想申请一个暑期工作，当时他们正好想招一个做闪存的，现在很多照相机、电脑里面都有用到。1992 年我非常高兴得到这么一个暑期工作，跑到硅谷开始工作。那个时候也是非常幸运，暑期工作是做闪存研究，老板非常感兴趣，他说“你先别回普林斯顿读博士，考虑留下来”，我觉得这个机会非常好，可以把我的想法实施。两年以后产品做出来，《纽约时报》用一个头版头条进行介绍，说这个产品年收入将超过 10 亿美金。这是我人生第一次创新的经历，当时只是一个学生。在一个公司里面没有很多限制，才会有自己的想法，这个时候往往会有很多很好、很吸引人的东西出来，所以现在大家要珍惜自己黄金的年龄，要有不拘一格的想法，今后会有很多好处。

第三，发现无用之用。在这次的闪存研究中，不仅用到电子技术，而且还应用到物理的。在电子方面很难破解的问题，我从物理原理的角度想这个问题，应用物理的知识，在实际中做出来，完全一模一样，这时发现我学习到的物理还是很有用的。

2. 我与 Google

1999 年是互联网刚刚开始起步的时候，是 Google 刚刚成立的时候，只有二十个人，是在车库里面成立的。当时车库的主人是我的一个朋友，这个朋友跟我说你应该去见一下 Google 这两个人。我去了以后感觉它的体验完全不一样，我跟他们聊完以后，他们想让我加入。那时，Google 刚刚拿到一笔风险投资,也是它历史上唯一一笔风险投资,商业计划跟现在完全不一样。他们邀请我去的时候,我考虑它技术非常好,但是商业模式不是爆发式的增长。当时我非常想创业,在硅谷有非常好的环境,创业是大家非常支持的东西。我就做了一个决定,把 Google 给拒绝了,说自己要去创业,这也是我人生当中做错的一件事情,其实我可以作为第二十个员工进入 Google,但是创业给我带来一笔宝贵的财富。

当时互联网刚刚兴起,我们想把互联网和电讯结合起来。电讯以前是卖电话费,只是打电话,但是通过互联网可以做很多的事情,比如把电子的传真、语音、信箱等全部连接在一起。当时还有一个合伙人,也是我在英特尔认识的一个同事,我们三个人创业,第一笔融资很顺利 800 万美金,第二笔融资也很容易,当时互联网泡沫刚刚破灭,所以又融了 800 万美金,这个时候业务发展起来了,包括亚洲、美洲的业务都有。

Google 的创始人一直跟我有联系,他们希望可以说服我过去,所以我们经常见面,他们就问起我这个公司发展怎么样,我说还行,有 300 万美金的收入。他们跟我说了 Google 的发展,同样在互联网泡沫破灭时,Google 有一个保守非常好的秘密,它的发展是爆炸式的增长。它的商业模式改变了,这一点是搜索广告创新的模式。所以我非常感慨,同样创业,他们比我就早一年,却做出这么大的规模。他们一直劝我,当时有一个独特的机会,他们说 Google 在欧美做得非常好,但是在四个国家做得不好,中国、日本、韩国和俄罗斯,因为市场很不一样,用户很不一样,竞争对手也比较强,所以他们希望我们帮助他们把这四个国家的市场建立起来,当时我想了解这个公司为什么这么成功就去了。

在 Google,我当时负责所有的战略、产品、风险投资、并购,的确在 2003 年的时候,我们是一张白纸,但是 Google 做了很多的突破,包括建立更大的团队,做了很大的发展。作为 Google,可以跟很多创业公司合作,更多是给予资金上的支持,当时我们也投了百度、迅雷、赶集、天涯等,现在这些公司都做得相当不错。

我在 Google 待了五年,做了投资以后,我感触非常深,中国和美国相比,美国的风险投资非常发达，中国的风险投资还处于比较早期的发展阶段。资金是越来越多，但是经常会碰到创业人不仅仅是需要资金，很多还需要其他的帮助，比如战略上的指点，比较核心的团队人才方面的帮助，包括在新的业务发展上给他提供各种各样的帮助，这些方面，我觉得是非常有发展前途的。因此，回到光速的创业，它是全球最顶尖的一个风险投资，在美国、中国、印度、以色列做投资。光速的另外一个合伙人也是我在英特尔时的同事。光速原来是一个基金，现在专注做一个独特的中国基金，可以更好地向优秀的中国企业做更多的投资，帮助优秀的创业者一起创造伟大的公司。

讲到这些工作经历，我有一些体会。首先，我觉得好奇心很重要，在大家考试非常多的时候，还没有涉及其他的东西，但是它可以激发我们的兴趣，而且可以不断保持我们的兴趣。其次是自学的能力，因为整个世界都在改变，再过十年，现在互联网最新的东西也会改变，自学能力强，则可以尽快地适应社会的变化。还要敢于冒险，大家都希望有冒险的精神，但是不是随意的冒险。在美国或者是硅谷，冒险是非常根深蒂固的一种文化。你去冒险，你失败了，我们在美国的风投说失败是好事，因为你交了学费了，这不是你付的学费，而是别人付出的学费，所以在美国很多人愿意尝试，愿意失败，失败是引以为自豪的东西。

总之，要找到你非常热爱的东西，遵从你真正的兴趣。不同的人会花不同的时间，我觉得现在做投资是我最喜欢的东西，我在大公司也做过，但是我现在最喜欢的事情就是帮助很多的创业者来做伟大的公司。乔布斯是大学辍学，但他一生都在做他喜爱的事情，所以我们要寻找自己喜爱的东西。做自己喜爱的东西不会觉得累，从而就会做得非常好。

二、Google 创新的秘密

Google 公司是 1998 年由两个从斯坦福大学出来的学生在一个车库里面创

立的。当时是一个信息爆炸的时代,所以他们想到这样一个方式,这是他们在写论文的时候写出来的东西,他们又有冒险的精神,认为可以对这个问题做一个实际的应用,所以他们出来创业了。他们后来做了一系列的东西,使得他们的创新可以持续下去,这也是我非常纳闷的地方,它的秘密在哪里?为什么Google创新就可以一直保持这么好?

我的总结就是他们的人才,他们要找最好的人才到了发狂的地步。Google很少在外面做广告,但是他们在硅谷里面高速公路上的最大的一个牌子上花钱做了广告{first 10-digit prime found in consecutive digits of e}.com。这个广告放在那里,很多人很纳闷这是要推广什么产品还是要卖什么东西。技术非常好的人就会感觉非常好奇,他会动脑筋去做。找出这十个数字(7427466391①)后,他们就到7427466391.com这个网站去看,发现是Google的招聘网站,上面显示"恭喜你进入这个网页,那你一定是我们很想见的人"。Google会想尽各种办法招最好的人,我觉得这是一个非常大的成功因素,我给Google推荐了40个人,我觉得这40个人到硅谷任何一个公司都是稳进的,但Google只招了2个,而且要谈6个月。Google就是有这么一个严格的招人制度,哪个部门要招人,由招聘委员会讨论决定。

Google招的人都是综合素质比较强的人,有的时候有点杀鸡用牛刀,它的很多秘书都是斯坦福大学毕业的。招的这些人,不只是某个专业领域好,而是一个综合型的人才,各方面都非常好。Google这个公司的创新之所以成功,人是最关键的因素。

要敢于去想,要敢于去挑战,老师说了很多对的,但是你要敢于说不对。机器想把英文翻成中文非常复杂,一般需要把所有最全的语法分析写到算法上面去。当时做这个项目,第一个做的产品,就是从英文翻译到中文。现在的翻译效果要比其他产品好,但是做这个产品的工程师是一个土耳其人,他不会说一句中文,一个字都不认识,他怎么做呢?他完全挑战传统,完全是不同的

① 编者注。

做法。他不懂任何语法,不懂任何语言,就是通过大规模的数据分析。他来找我,问我哪里可以拿到世界上最大的中文和英文翻译过来的标准东西,越多越好,我说去找联合国。他把这些数据作为基础,通过一个人工智能的算法去学习这里面所有的东西,让机器去学习,最后通过这个方式实现翻译。不仅是英文和中文,任何语言都一样。数据越多,它越聪明,结果越好。这个创新的想法非常好。

最好的创新,实际上来自小团队,2—3 人的团队是最理想的,而不是一大堆的人。它的好处是非常灵活,有很多新的东西,想到以后可以非常快地实现。在互联网时代,大家今后如果要创业,要接触互联网,这一点可以借鉴。

三、创业投资

创业是一种积累的程度,第一个公司不会做得非常大,你是在积累经验,但是下一个公司会做得更好。往往做得最成功的不是上市,而是上市以后还能够做到高速可持续发展,从风险投资来讲有几个关键的因素。

Google 的成功是招到好的人才。人才,首先人品要好,有信念,有理念,可以走得非常远。中国现在充满了创业机会,和欧美国家相比,那些国家唯一的创新是在高科技非常独特的地方,因为传统行业、零售业都是非常成熟发达的,拥有百年历史,再想创新很难。但是中国很不一样,现在电子商务越来越多,为什么中国的电子商务机会要比美国多很多,因为中国的传统零售业历史非常短,而且流动性非常高。通过互联网可以有很多的创新,不见得是要技术创新。所以我们看创业公司的时候,会看这个团队是不是能够把握这个机会,可能开始的模式不完全是最后的成功模式,但是能够抓住机会做适当的调整,对以后成功则很重要。

另外,是不是要有足够的市场,这是我们风险投资看重的地方。如果大家以后考虑创业,一开始并不一定有机会拿到最大市场的机会,但是在考虑的时候也是要多想一些这个市场可以做到多大，一旦创业，你花了时间精力下去，你当然希望这个蛋糕越大越好，也希望在吃蛋糕的时候，没有人来跟你抢，所以你要想一想有没有什么壁垒的东西。

这里讲一个故事——大众点评。大众点评，是中国领先的本地生活消费平台。大众点评网是全球最早建立的独立第三方消费点评网站，是致力于为网友提供餐饮、购物、休闲娱乐和生活服务等领域的商户信息、消费优惠以及发布消费评价的互动平台；同时，大众点评网亦为中小商户提供一站式精准营销解决方案，包括电子优惠券、关键词推广、团购等。它的创业者张涛是德堡大学学士，宾夕法尼亚州沃顿商学院 MBA。2003 年 4 月，他在上海成立大众点评公司，核心团队很多是他的同学。开始的路很艰苦，也做得很简单，他想把所有餐馆的评语印成一本书发行，后来他慢慢改变了，从找专家写书，改为让用户来写。他有 500 万元风险投资，在 2010 年已经做到可以在美国上市的规模。所有的评语当你越做越大的时候是滚雪球的效应，因为评语多大家愿意去看，也有更多的人愿意在那里写评语。他开始这个模式，是通过一个广告，很多人看餐饮要做推广，可以做广告。

现在的团购，是一个很新的模式。从 2010 年开始，大众点评网利用所有餐饮的资源做团购。现在更多的是移动互联网，像手机，它可以卫星定位，要找一个吃饭的地方或者是买东西的地方，通过手机输入就可以找到。这个东西在 2007 年的时候，Google 想收购它，我们认为在今后它是会爆炸式地增长，但谈收购的时候，出乎我们的意料，他回绝了我们，因为他觉得这是他很热爱的事业，而且是有巨大的潜力可以做的。当时我觉得，这样的团队，这样的公司一定会成功，因为他看到的东西不是五年的东西，他做他热爱的东西，当时广告模式还没有出来，但是他知道这个东西有价值，他愿意把今后的生命投入在其中，这是他觉得比给他一大笔钱让他退休更有意义的事情。到今天他们已经走过了八年的时间，再过三五年，它将会是一个最大规模的，可以排在前 5 名的公司。但是其中有一点很重要，就是贵在坚持。中国有很多的机会，但是我们资源有限，我们应该做最有竞争力的东西，把这个做到极致，而且坚持下去。

我觉得现在中国很多成功的公司都是因为坚持下去了,从第一天的模式坚持到最后,在发展的过程当中发现这个模式不通要改变,但在合适的时候要坚持。

四、给同学们一些建议

你今后的发展和你结交什么人有关系。交大是一个非常珍贵的资源,包括中欧的 EMBA 同学、上海交大的 EMBA 同学都有聊到,同学之间非常了解。事业的成功不是光靠一个人,比如做互联网不光需要技术好、产品好,还需要销售,一个人不能面面俱到。这个时候,如果有其他的同学通过现在的学习碰到,这样学习就是一个很好的资源。另外就是锻炼你的影响力和领导力,如何通过你的思想影响到别人选择和你一起,创业很需要这种东西。多找实习机会锻炼自己。

有的同学会问我,毕业以后个人有很多选择,是到大公司,还是到创业公司,还是自己创业。我觉得自己创业,除非有特别好的机会,实际上成功率往往是比较低的。这是一个现实,当然也有成功的例子,如果真正有好的想法,而且有这个优势捕捉到别人捕捉不到的机会,是可以去尝试的,但是对于大多数人来讲,因为社会资源积累不到那个程度,我觉得你要选择一个自己理想中的公司,有规模的公司,有一点是这个公司是不是在高速向上发展的,这个为什么重要?如果找到这个公司,它就是一艘船,随潮流走,往往可以省很多的劲。我们来看微软,它的股票非常便宜,因为它非常大,去微软公司 5 年,你做的东西是很狭窄的一块,5 年以后你很难再考虑新的机会,因为你有安逸的工作。特别是在年轻的时候,值得考虑更多的机会,如果能够找到一个快速成长的公司,即使刚上市或者是马上上市,这个时候进去对于你的经验也会有很多的帮助。如果有一个优秀的创业公司,而你将来想要创业,它就是你一个非常好的学习机会,在那里有很多的机会锻炼自己,而且在行业里面可以有很多的人脉和资源。

创业公司很多，怎么判断这个公司是优秀的，第一看对比，第二看投资人，第三看融资的经历，有很多的因素可以参照，我愿意为大家提供咨询。这一点需要做一些选择，包括我们投大众点评，他们现在非常需要人才，而且他们现在愿意出的工资远远超过微软。大家想创业公司怎么会出那么多钱，因为它现在的业务发展是非常良性的，非常好的公司有非常好的就业机会，是值得大家去探索的，相信自己还是非常重要的。

“Stay hungry，Stay foolish”，仔细去想，乔布斯是一个奇才，但是他有一些最根本的东西，我们是可以做到的，那就是保持一种饥渴，对知识、对新的东西的饥渴，这是离开大学后要保持的。随着人的阅历越来越丰富，冒险精神会降低，因为在初生牛犊不怕虎的时候你敢于尝试新的东西，但是经验越来越多，胆子就越来越小，所以我们要敢于去想，敢于去创新，敢于去做自己最热爱的事情。

提问：我看到您的光速投资公司主要是做风险业务，那是否会做一些小的天使投资？如果交大的学生有非常好的创意，如果说需要您的一些小的投资，您是否会愿意呢？

回答：我们会很乐意考虑的。基金比较大，但是我们专门有一个种子型的投资，大概是 800 万人民币以内的投资，我们称之为种子投资。如果真的是有好的项目，我们是会考虑的，或者由我们介绍做天使，我们有很多合作的天使投资人或者是机构，他们是做更早期种子型的投资。

提问：您之前提到第一次融资的时候，融了 1 600 万美金。第一笔融资是如何操作的，您如何选择 VC，是如何跟 VC 交谈的？第二笔是在互联网泡沫破灭时，您当时是如何克服这个困难的？您付出了多大的代价呢？

回答：第一笔融资，当时考虑是做一个全球的业务，包括美洲、亚洲都有。1999 年几乎没有做全球风险投资的，软银集团是一家，还有一家是刚刚成立的。最后通过我在英特尔的一个朋友介绍的。跟风险投资接触是有讲究的，真正好的项目不用太担心,只要坚持去接触,他们都会看的。当然有熟人介绍的话成功的概率会高一些,这样会更重视一点。我觉得现在微博是非常好的通讯工具。第二笔是互联网行业泡沫破灭时。我创业有两个教训,当时融了1 600 万,钱多了有一个坏处,我们要大张旗鼓大干一场,将全球的业务铺开,但是往往没有好好想一想你的客户是不是已经准备好了,所以花钱的时候就比较大手大脚。当时我们的商业模式是卖给电讯运营商,所以今后创业要考虑你的客户是谁,当时我们没有定位消费者,也没有定位企业。运营商现在倒过来看是不利于创业者去做的,对等的地位,运营商是最大的公司,你是一个创业公司,尽管产品非常好,他也要做很多的调查,他担心你五年以后是不是还在。

提问:您之前做 VC 或者是您这样的公司,主要都是投互联网行业,这是因为您觉得这个行业短时间可以收回成本还是其他原因? 您有没有尝试做非互联网行业的,有没有成功的例子?

回答:互联网肯定是一个重要的投资领域,它有一个爆炸式的增长。我们也投过很多其他的,像是职业教育,职业教育在中国的市场也非常大。在风险投资里面有一个术语叫"冰球棍"式的增长,我们是喜欢爆炸式增长,但是教育是一个线性增长。我们还投过与互联网没有关系的,它是一个外包业务,外包所有苹果的 iPhone 和 iPad 配件,它是和 500 家公司一起合作来做的。我们觉得这个外包在商业上面是一个有很大潜力的公司,包括电子商务,纯粹消费类也是一个很大的机会。外包这个公司是在 2008 年投的,2011 年会在香港上市。

提问:请教两个问题。第一,中国的互联网这两年 VC 投入很多,团购企业拿了很多的钱,到底是说现在互联网产业未来会有一个爆发式、更繁荣的发展,还是说可能是新一轮泡沫的前奏? 第二,现在中国做电子商务的也非常多,卖衣服的有,综合类的,1 号店也有,类似的都有,电商领域今后到底还有多少机遇? 它会是一片红海吗? 或者是说未来互联网好的创业机会在哪里?

回答:这也是我们行业的同事经常讨论的问题。关于团购,答案很简单,是泡沫。我们在美国投了一个团购,毛利率是40%。中国有一个千团大战,毛利率是个位数,因为壁垒太低了,大家都去做。我觉得现在这个大趋势并不是更繁荣,因为现在欧洲的金融环境,很多公司会在后面断裂的。而我们在美国所投的团购是有广告业务,而且有壁垒。电商在中国绝对是一大市场,而问题是,它的机会对新公司来讲非常小,如果今后可以不断地融资、不断扩大体量,这还是有很大的机会。衣服类是很大的一个分类,有凡客,以自有品牌来做电商的机会会更大,因为它解决的不是渠道的问题,而是解决传统中间流通的高成本问题。我们是投在非常大的垂直行业,我们现在投入做家具,你会觉得怎么在互联网上卖家具,其实今后的增长是会非常惊人的。现在我们只能想到宜家,其他就想不到了,最大的线下公司它在线下的销量占不到1%,所以可以想象这会有多么大的市场空间,但是要做到也不容易。

文化创新:中国动画的坚持与超越

时任上海美术电影制片厂副厂长　郑虎

创新与创业是中国社会乃至我们这个民族在当今发展中面临的问题,当然也包括我们上海美术电影制片厂,我们文化界、艺术界。我从事文化艺术工作有二十多年,前后经历了很多不同年代下的文化艺术事件,希望就文化创新与各位老师和同学进行互动和交流。

一、文化基因:创新之本

众所周知,创新是一个民族的灵魂。美国为什么会有这么多诺贝尔奖金的获得者?是因为他们比较注重基础科学的研究。对基础科学研究的重视奠基了这个国度发展的重要基础,这属于基础科学的创新与引领。日本是以技术立国,日本把大量留学生派到美国学了基础科学前沿知识以后,靠技术的发明,打造了日本的经济奇迹,这本身就是技术创新。再看中国,我们现在被认为是全球经济的一个引擎,从世界的加工厂向世界的创造工厂转化,这个过程当中我们靠什么来立国,靠什么来立于世界的不败之林?创新的问题就摆在我们的面前。

为什么当今我们如此重视文化产业?10月份即将召开的政治局会议有四大研究问题,其中第一个问题就是文化产业的大发展问题。实际上是给我们一个强有力的信号,就是说当今的中国要想在世界上发挥应有的政治、经济、文化作用,文化的创新、文化给我们带来的新的经济增长点显得极其重要。当然这是很大的命题,创新需要很多机制和方法,文化产业的大发展也需要很多的知识系统。但是我们面对着这样一个全球经济、全球文化的发展现实,文化的创新显得非常重要,可能这也是我们在新时期的一个非常重要的发动机。正因为这样,我们把这个大范畴的问题聚焦在中国的发展上,同时落脚在文化艺术,看看创新在动画领域的发展中应该怎么体现。

创新,深层次反映了一个哲学范畴问题。我们谈创新,谈中国动画的创新,不能没有坚持。哲学上讲继承和创新是一对范畴,如果不继承,那创新就是无本之木,但是如果继承不创新,就没有生命力。我们必须要站在历史的发展过程中、文化演进过程中来看,创新必须要有坚实的基础。我们常常讲凡是民族的都是世界的,在创作过程当中怎么样都不能脱离对文化艺术的继承,但是我们的落脚点应该放在创新上。在文化领域里讲的创新问题,隐含的就是坚持和超越,这是从主题上应该把脉的方面。

先用一个案例来说,《少年岳飞传奇》。

我们邀请五位国际大师看了送审片,包括谢尔丹学院计算机项目的创始人、艾美奖的获得者、《怪物史莱克》《蜘蛛侠》等大片的视觉效果指导以及工业设计大师等各个领域的顶级人物。

他们看了《少年岳飞传奇》的送审片,然后看了我们的工作间,非常感动中国还有人在做着具有自己民族文化色彩的、让他们耳目一新的动画作品。他们表示一定要让我的中国学生在设计所谓现代造型的时候,永远不要忽略了对自己文化和历史的亲近,继续把中国风格的动画作品不断地推向世界。

他们说真不希望中国的动画作品反映外星人、机器人,而是希望要反映中国的文化。

再看一个参照系——日本动漫。我们80、90后的观众,有的看过自己的国产动画片,伴随大家长大的包括《葫芦娃》等。但90年代之后我们电视人有责任,就是从90年代开始我们的电视台更多开始放一些境外的动画片。这里面有一个背景,我跟当时中央电视台的一些同行有过深度交流,他们自己后来都觉得挺后怕。

最早时候日本的动画片要在中央电视台放,当时日本人主动要给我们钱。那是80年代中期,国门刚刚打开,电视内容需要丰富,电视管理者的概念是:怎么能要钱呢?请示完了以后电视台就播。播了日本的动画片以后,日本人紧接着说能不能给3分钟广告时间,再给你钱。我们觉得这时候可以要一点钱了,于是日本人3分钟给我们1 800美元。随着动画片的进入,像《聪明的一休》《铁臂阿童木》等,不仅仅是好的艺术样式跟中国的孩子们亲近了,卡西欧、东芝等品牌也跟着在我们的黄金时段播他们的文化作品,有了他们的商业广告。1992年我到上海出差,看到浦东对面只有一幅亮晶晶的东西,就是卡西欧白色的广告牌。坐轮渡到浦东漆黑一片,只有卡西欧的广告,大概几年以后就累积了品牌效应。

不说商业利益,说运用模式:我们向电视台供片,可以不要钱,但是你给我时段,时段可做广告运营来贴补制作费用和公关费用。八九十年代还没有太多经验时,是把国外动画片不断地播,就像南方、北方人爱吃米和爱吃面有差异一样,胃口,精神的胃口是靠我们这样滋养的。滋养一部部的片子,当然那时候也有商业利益的诱惑,再加上我们自己不断主动地接纳,所以今天坐在我对面的同学们,你们的参照系可能觉得刚才的《少年岳飞传奇》不太对你们的胃口吧!

另外一个参照系。为什么要说那几位大师?因为这五位大师给我非常大的震撼,就是他们真的对中国文化有非常深厚的感情。我想这大概因为文化是多元的,但文化之间没有太多的历史形态抵触。这五位大师就希望中国的动画片沿着《少年岳飞传奇》的路线推进,这样后面才有传人,不希望我们搞星球大战,搞外星机器人,不希望我们搞高科技等很炫耀的东西。我们需要这些东西,但是有的国家表现这些内容比我们更好,除非我们跟他们共同携手来做这些选题。

二、技术特色:创新动力

首先把中国动画的发展历程给大家做一个很扼要的回顾。实际上中国动画的发展到今天有八十多年的历史。这里面的代表作品相当一部分是上海美术电影制片厂出品的。大概总结出来有六个阶段:第一是探索与开创时代,是以万氏兄弟为代表的中国动画崛起;第二是崛起之后的中国动画,这大概是新中国成立前后的一段时间;第三是中国动画的第一次高潮,1957 年到 1965 年;第四是“文化大革命”十年,那时没有人还在坚守做自己的作品;第五是中国动画的第二次高潮,1979 年到 1989 年;第六是当今。

探索与开创时代,万氏四兄弟创造了中国动画享誉世界的作品。他们的主要作品简单罗列:1926 年有《大闹画室》,中国第一部动画短片,这是真人的动画作品,万氏兄弟想着怎么让静态的动起来,而且把真人加进去了;之后又做了短片,比如《一封书信寄回来》《纸人捣乱记》;1935 年制作了第一部有声动画片《骆驼献舞》;再有就是《铁扇公主》,这是在美国迪士尼的《白雪公主》之后,中国对世界动画界所做的重要贡献。《铁扇公主》由《西游记》中的“三借芭蕉扇”改编,中国故事和中国元素、中国符号越来越多地在作品当中体现。《铁臂阿童木》的作者——手冢治虫,就说是中国的动画、中国美影厂的动画,类似于《铁扇公主》还有《大闹天宫》启发了他。

中国动画发展的第二个阶段,就是新中国成立前后的动画,是一个崛起与发展时期。1947 年诞生了第一部木偶片《皇帝梦》,1948 年有《瓮中捉鳖》。再就是 1949 年新中国成立后,上海美术电影制片厂开始逐渐有了雏形,主要是三股力量到了上海:一股是东北;另一股是重庆;再一股是万氏兄弟,在上海。三股在上海聚会,因为上海是中国电影的发祥地,也是中国动画电影的发祥地。上海美术电影制片厂成立于 1957 年 4 月 1 日,成立的时候有三部作品:《骄傲的将军》《谢谢小花猫》和《乌鸦为什么是黑的》。《乌鸦为什么是黑的》这部片子当时在俄罗斯进行艺术展时,通知的不是中国人,而是法国人,他们以为是法国的作品。为什么?最重要的是这部片子的主题超出动画家对中国动画的认知,误以为是国外的作品。这对美影厂的专家触动特别大,明白了在国际对话当中我们的作品风格应该是什么。

之后还有《神笔马良》,以及非常重要的纪录片《中国木偶艺术》。当然还有一些主题开始带有那个年代的一种色彩,比如《小小英雄》等。但《骄傲的将军》《神笔马良》这几部作品仍然是中国元素、中国故事、中国造型。

第三个阶段是中国动画的第一次高潮:1957 年到 1965 年。概括来讲有三点:第一,新的片种不断涌现;第二,摄制了一批大型美术片;第三,创新了独树一帜的民族风。主要片种包括剪纸片,比如《猪八戒吃西瓜》,这来自于中国民间的剪纸;另外是水墨片,《小蝌蚪找妈妈》《牧笛》都是代表作品。

做《牧笛》的时候有两件小事折射出艺术家的努力。一个是坐在水牛上吹笛时有一个蝴蝶嬉戏的几秒钟的画面,制作时用了 3 天多时间,要一笔笔地画。水墨画是单一色彩,或者略微着色,里面有老者在弹古筝,弹琴的动作要栩栩如生,而且还要与音乐配合起来,谈何容易。这样一个弹古筝的画面,也就不到一分钟的时间。首先把真人弹古筝的画面用 6 个不同的机位拍出来,然后工作组反复回放以后一格一格地画,重叠去画,这样才完成。除了用 6 个机位拍一个画面以外,另一件事和美影厂的镜子相关。因为用木偶表现一个东西时,是把一个动作拍一下,一秒钟二十几格,动画家就在镜子里看造型,模拟、模仿去做。

今天我们做动画的时候还有一种技术主义倾向,包括对待 3D 和 2D 的问题。实际上现在 2D 一直在动画界被认为是表现最细腻的手法,3D 的激励感很强,但实际上还是有差异。我是 3D 的创始人,但我看到了二维动画的魅力。至今为止在国际上获大奖的作品,还有过去东欧的作品,很多都是非常简约的平面化的故事图层。

比如有一个片子叫《超市里的盗妇》,窃贼是一个妇人。她动画的夸张感和动态影像一下子就能抓住人;货架也是,看不出来是什么酒,但是结构造型设计非常唯美。那个盗妇有色彩，表情夸张，脸蛋红红的，特别是手夸张，每次偷的时候都在表现怎么去偷：放在袋里，到收银台的地方，用她的发卡插进去，这样价格跳动一下就归零了。你看一下这种情景表现，同样是大学生的作品，就觉得他把动画的精髓抓住了。

讲到剪纸，讲到木偶，这是我们独有的，具有创新和自己文化基础的。我也担任过中日韩大学生双年展评委，什么样的作品最能感动我？就是把艺术手法和一种故事创新性、个性加以表达的作品。有的作品一看就知道这是日本作品，或者一看就是韩国作品，但是比较少的是一看就知道这是中国作品。如果是日本作品，通常是大眼睛、黄头发，有一些造型感的东西很乖巧，实际上这就是日本相关造型设计师本身的共同语言，共性化的表达，很多电脑软件设计也已经这样造型化。日本动画已经把工序完全地压缩，比如讲座，他可以把讲座的内容录完以后，用计算机再转化，就是动画版的东西了。很多电视剧片尾出职员表的时候，一下子会转到剪纸画面，或者水墨画面。另外举杯、喝水的动作，如果要靠画的话，起码要用两三天，但是现在应该在二三十分钟内就可以完成。这里传达的意思是什么？就是从《小蝌蚪找妈妈》的水墨片，到《猪八戒吃西瓜》的剪纸片，真正在艺术层面进行交流时会发现最根本的还是有文化基因的一种内容表达，以及个性化的诉求。

可能在明年年初大家就会看到立体的《大闹天宫》。上海美术电影制片厂和名列前茅的公司合作，把从1961年到1964年完成的上下两部《大闹天宫》做了3D转化。为什么只在技术上转化，而没有再做其他的新编和新作？我们认为很难超越这部作品，无论是它的故事表达，还是浪漫主义情节、场景，或者是京剧民族音乐的配器，到现在都保留。仅仅是在技术上做了转化，同时增加一些动作，在蟠桃园增加了仙女甩袖子的动作，给大家一种纵深感。

三、坚持：继承中国动画学派

我想这个阶段要做一个点题。第一个高潮创立了在世界上独树一帜的中国动画学派,这也是我今天要讲的要坚持的东西。坚持什么?中国动画学派。我给大家总结几点,大概是三个层面。

第一,故事的选题取材于中国的民间故事,民族元素,民族造型,包括中国的文学名著。到今天为止给大家留下深刻印象的,像哪吒闹海,一定是中国故事、中国选题。如果用剪纸去表现,在国际交流中可能就不会被认为是法国的了。要贴上中国动画标签,中国元素、中国造型,今天也是这样,包括郑和下西洋、妈祖,大家都在考虑选题,2011 年暑假又多了赛尔号、摩尔庄园。这些东西好不好?好。但是成为中国标牌效应的是中国元素、中国造型,这是我们的根。

第二,在表现手法上不要忽略了我们自己的片种类型,就是剪纸、水墨、木偶。当然包括我们没有挖掘出来的,民间的或者为中国所固有的艺术表现手法。为什么怎么拍电影导演张艺谋都是在第一位?张艺谋的作品实际上反映的是一个文化断代,而且这里面有一种文化铺陈和文化反思感,他传达的是那个年代的文化钥匙。为什么要种一片红高粱来拍《红高粱》,是不是艺术家的匠心?为什么奥运会开幕式一击鼓,就让很多人潸然泪下?中国人的鼓文化,通过他的作品再做这样的文化表现,真正能够震撼人的还是文化基因和艺术家个性化的表达,可能就是坚持与超越。

电影《英雄》就是一个红色的氛围,乱剑之中他得到一片天地,最后定格。除了选题要有文化之根、基因和显性以外,还有文化表达,这样才有巨大的震撼性。不要光是为 3D 而 3D,我们当然需要借鉴、学习,但是也需要消化、吸收和提高,需要有自己的家当,然后去传承、提升。

第三,我们应该有自己的大师,要有代表人物。像现在艺术、电影,包括动画电影,真正的还是导演中心制。如果中国这方面跟国际接轨的话,应该不向制片人发展,包括我本人原则上不挂制片人。制片人就是要为这个剧组的一切负责,包括钱、创作、制作、发型、票房收益,还包括团队。我们反思一下,好像没有太多的支持系统能够让我们出来一些制片人。

四、超越:机遇与挑战同在

有一些高端交流座谈也谈到这个问题。第一,我们讲故事的能力太差,讲出来的故事如果换一个参照系,在全球语境下交流的话,我们的作品打动不了国外的人,像有语言隔阂一样。第二,我们的气势感不足,艺术作品的感染力、冲击力不足,包括音乐、舞美。2011 年暑期票房比 2010 年增加了 60%,达到大概 40 个亿,2010 年是 20 多个亿,一个暑期档。但是真正瓜分中国票房的,相当一部分都是国外的大片,原因就在表现力上。所以说坚持自然引向下一个话题,怎么超越。

要突破国产动画的现实瓶颈,我们就要超越,但今天还达不到超越,我们要跳高,要蓄势待发。蓄势待发之前还有很多功课要做,无论是创作者还是管理者,大家都在说一句话:为什么中国的选题,包括动画不是我们来做大做强?做一个现状的描述:就是机遇和挑战同在。中国动画的发展现在有可喜的地方,就是我们的数量已经达到了相当的规模。到目前为止全国已经有 18 个动漫产业基地,国家级的 30 多个,另外动漫制作机构从 2002 年的 120 多家猛增到 6 400 多家。2010 年动漫企业比 2009 年同期增长超过 40%,背景是金融危机。同时动漫作品产量在逐年增加,1993 年时太少了,只有 4 600 分钟,大量播的还是进口动画片,1993 年到 2003 年平均每一年还不到 4 200 分钟。但现在看到很多国外的大片,动画片很多都是中国人加工的,出口转内销型。

动漫产业链有四块:创作、制作、宣发、衍生品。实际上影院播放宣发这一块只占到整个产业链收益的 30%—40%,剩余 60%—70% 都是靠后续开发。我个人补充两点,产业链必须要有两个系统支持:一是资本、资金,二是通路、宣传。把宣传要独立出来,现在的作品太多了,档期现在都没有空当,突破的瓶颈之一就是媒体的垄断。

动漫作品的现状是:原创力有待提升,优秀作品短缺。最近发生一件事。

一般来讲,在中央电视台播动画片,有的省一分钟可以奖励 2 000 元,有的省奖励 1 000 元左右,一个动画片大概 11 分钟,按 10 分钟来算是 1 万元。但是要做 1 分钟,如果是二维系列片的话,把前后期加起来成本现在平均也要在 5 000 元左右。所以现在为了拿到补贴,有人开始弄虚作假了,因为市场太弱,加上媒体垄断,可能还需要找关系,需要公关。

说一千道一万,原创力最重要。故事要好看,主题要唯美、柔和,内容要吸引人,画面要有美感,一切都要有情趣。这里面我觉得优秀作品短缺在于艺术性、观赏性、主题怎么很好地结合。

此外,动漫作品总体资金短缺。关键是投融资的机制不健全,国外有基金会,我们中国有文化基金会,两驾马车要跟市场、团队很好地融合才行。虽然动漫基地很多,但是有一点大跃进的色彩。再有就是现有产业链的发展不完善,刚才讲的产业链是指创作、制作、宣发和衍生品,另外待补充的两点就是资金和宣传。

我们现在需要的是超越,是重塑中国动画的辉煌。突破中国动画发展的现实瓶颈,主观上我们的创作、制作、营销能级要提升。其次人才队伍的系统培育要加强,不能只是类似于专业的设置。实际上我也到艺术学院去了,跟学生们交流觉得有一种浅薄感,比如学生设计动画都没有作品的理念。我们应该培育和创造完善的艺术氛围,并且搭建完备的政策、资本、通路、市场、人才等支持系统。

提问:中国没有像日本那样大型的动画长片,请问您如何看待这个现象?

回答:两个角度:第一,还是整个动画作品的表现力,最大问题是编剧力量的薄弱。比如黑猫警长,如果说这是一个选题,在座同学不知道有没有相关专业?第二,我们整个的产业和知识系统上,知识系统很薄弱,另外也有资金的问题。

提问:刚才您提到过十几年前外国动画对中国动画的冲击,造成我们现在青少年审美的不同。我作为90后有一种体验:中国大陆能够播放境外动画片的时候,中国仍然有很多精品,像刚才提到的《葫芦兄弟》《黑猫警长》之类的。但是中国禁止播放境外动画的时候,我们反而很难找到经典的动画,为什么?

回答:这是很有深度的问题。首先要做一个说明,好的动画片是没有国界的,这是其一。其二,回到现在当下作品自己的产能上,创作、行销的能级还适应不了大量播放的可能,还是自身行业的发展比较弱。围绕产业链来想一想,人才太缺了,希望在座同学有可能的话多关心、多支持、多参与,也多创作,这个事才会做得更好。

医疗器械行业的自主创新

时任微创医疗器械(上海)有限公司执行董事兼首席技术官　罗七一

非常高兴能够来到上海交大,从企业家的角度和大家分享企业创业和创新的体会。我主要想从微创医疗发展的使命来谈,给各位有心在将来创业的同学提供一些可以借鉴的东西。

引子:创业,从梦想到理想

每个人都有自己的梦想,但是我们做梦不能把自己的梦想变成理想。理想是接近现实的,看你怎么去想,怎么付出行动,并且对这个愿望有多少热烈和执着的追求。怎么为自己的梦想找到一个起点?这个梦想应该是切合实际的,如果不切实际就是空想。梦想不是说今天想到一件事就要创业,做老板。很多方面一定要有切合自己优势的想法,不断去想,朝思暮想,把梦想变成一个理想,要去做它才比较靠谱。

这对于大三或者大四的同学来说更为重要,你的理想是什么,从你的梦想到你的理想怎么规划就决定了你的未来。

那么创业是不是适合每一个人?创业不是一帆风顺的,创业是一件非常辛苦、需要长久进行的工作。有的人想创业是为了潇洒,自己当老板,不想给别人打工。不乏有些同学在大一、大二就开始做小生意,我觉得这些对你创业很有帮助。因为只有自己去做了才会知道，虽然创业成功的人士有很多光辉，但是在创业初期走的路是非常艰难的，一定需要长久的思考和规划。

我找了两组数据，一个是中新网的：2007—2008 年的调查显示，随着时间的推移，是由于现在就业环境恶化也好，或者是不愿意自己的命运由别人控制也好，想创业的人逐步增加。但是对比国外，想创业的人增加幅度还是不够多。在中国最多的是浙江省，大学生创业人员也只有 4%，在美国通常有 29%。但另一个我要说的数据，以美国加州为例，每 10 家创业公司只有 1 家到 2 家成功。创业做到最后成功的并不多，不会高于 20%，所以真正把公司做好不是那么容易的。大家都看过很多创业史，苹果或者是谷歌，这些比较有名的公司的创业并不是一帆风顺的。创业一定要深思熟虑，非常长久地思考，然后再去运营，这本身就是一个非常艰苦的事。

你为创业理想做好准备了吗？我怎么知道我这个想法非常强烈，非常想去创业？只要你跟我谈，我如果可以从你的眼睛里看到你有欲望，那么至少从你的思想来说你就很愿意做这件事，它就是一种热情。乔布斯说过他每天工作 18 个小时几乎是常态，每周 7 天，天天如此，他如果没有燃烧的热情，没有欲望是做不到的。我们不光要看到别人的成功，也要看到他们背后的努力，希望能激发想创业的人在这方面的思考。比如，我们看到街上跑满宝马奔驰，没有一辆是你的，这并不可悲；但是如果你连想都不敢想拥有它们，那才是可悲的。

我刚才讲的基本上是要引入我下面讲的内容。我想通过微创医疗这个公司的发展，让大家看到一个具体的实例，看看这个公司是怎么走的，在过去十多年是怎么一步一步从十几个人的企业发展到现在几百人的企业规模。

一、思维方式：以理想支撑创业

有没有同学知道日本的企业家稻盛和夫？如果你们有机会可以去看看他

的书籍,他有很多著作是教我们创业的方式。他有一个非常好的公式:人生工作的结果 = 思考方式 × 热情 × 能力。当然能力和热情不可能有负的,但是思考方式有可能是负号。一个人能力只要有中等能力就够了,特别是各位都是大学生,每个人的能力至少中等以上。有 60 分能力的人创业就已经够了,只要你有这方面的激情。如果你非常聪明,自以为天赋很高,但是对做任何事情都提不起劲,那么你只有中等能力的人一半的成功。要想创业一定要有激情和热情,不要担心是不是有这个天赋。天赋只要能达到中等水平,关键是热情,热情就取决于到底有没有可以实现的理想。如果你想达到燃烧的程度,你就要有热情去做那件事。如果你决定创业了,那么你怎么思考?包括选什么产品,选什么方向。很多创业从大到小,有各种各样的方式,指做事的具体方向,只有走对了方向,创业才会成功,所以我说思维方式决定了创业的成功之路。

怎么样善于发现人类真正的需求?你创业到底打算做什么,只为了赚钱还是为了背后的看不到的一种理想?我觉得这种思维方式是非常重要的。微创手术是电子显示系统与高科技手术器械以及传统外科手术相结合的前沿技术,外科手术向微创治疗的转变是 21 世纪医学领域的发展趋势,外科手术大部分都会被微创治疗手段取代。现在微创治疗已深入的领域有心脑血管、妇科、泌尿科、耳鼻喉科、骨科、肿瘤科等。

为什么要做心脑血管手术?大家知道心脑血管疾病是人类的"第一杀手",每年全球有近 1 750 万人死于心脑血管疾病,占所有疾病死亡的 29%。我国约有 900 万人患有心脑血管疾病,每年有 300 万患者死于该疾病,每天因心脑血管疾病死亡 8 200 人。微创介入医疗技术是治疗心脑血管疾病最先进的技术,发达国家普及率达 85%,我国仅约 10%。真正的创新事业者,提供人们所需要的,创业的目的在于为面临难题的人们提供解决方案。选择这个领域就给我们非常清晰的定位,它是一个成长速度非常快并且有未来的治疗方式。虽然在中国刚刚起步,但在国外已经证明是成功的,我想这也是微创医疗成功的关键因素。只要能够开发出一个达到那个性能和质量标准的产品,就一定有市场。哪怕我们国家经济还不够发达,使用的人还不够多,至少它是一个过程。

当然我觉得每个企业都有天时地利人和，从微创医疗来说就是运用了国家制定的各项措施，才能在张江有非常优秀的地理位置，得到很多优惠政策。

除了要挣钱，还要以人为本，微创医疗的宗旨一定是“为医生和病人服务”，在微创伤介入医学领域建设属于中华民族的医疗集团。到现在为止，在所有高资耗材的产品中，药物支架是唯一一个以国有品牌为主导的。2010年药物支架70%的市场是国内厂商，30%是美国厂商，已经完全扭转了这个行业当年的情况。正是有这么一个宗旨，我们才能有长远的目标。我们的药物支架已经为近40万冠心病患者提供了医疗服务，我们的目标是将来每一分钟每一秒钟都有一个产品在某一个地方提供服务。

二、自主创新：创业发展的生命线

微创的发展依赖于自主创新。之所以微创的产品能进入市场，原因就是在它创业之初、初次创业以及现在的二次创业过程中，都贯穿着自主创新。这样才有竞争优势，才能在竞争激烈的市场中与国内外对手相抗衡。

那么，如何保持自主创新和加强自主创新呢？主要有三点：一是创新人才团队建设；二是制度化创新；三是通过承担国家重大科技项目来提升公司的知名度，发挥影响力。

第一，创新人才团队建设。目前我们有一支比较年轻的科研队伍。这个行业2000年以前在中国还是空白。我记得我2003年刚回来的时候基本上没有这方面的人才，工程师基本上是我们自己培养的，通常都是直接培养毕业生。经过这么多年，我们已经有了一批非常能干的科研人员，70%的人是30岁以下，他们都已经是我们的中流砥柱。我们非常注重人才团队的建设，很多投资公司不看你的商业技巧，一定是先看你的人才，所以人才建设不管在什么时候都是最重要的。

采用的方法是外部引进，到目前为止还是这样。我们现在新开展的项目在国内没有人做，所以基本上是从国外厂家或者科研机构寻找人才，吸纳了数位著名的生物医学工程界专家和行业领军人才，并有大量微创介入医疗器材产品开发与生产方面的专业人才。他们进入公司边学边干，和公司一起成长。

我上一次在苏州开一个医疗器械的研讨会，他们问我中国工程师和美国工程师最大的区别是什么。我在美国公司做了 10 多年，我的感觉是美国工程师在把自己的一块做好以后，他们就抢别人的事做；而我们中国人是有一个框子，你不要做我的，我也不去做你的，看好自己的一亩三分田。我是比较喜欢主动找事，多做一部分，只有这样的人才比较容易成长起来，也会多学到一部分。但是中国的工程师做事比较细，能够看到精细的东西，做得比较有耐心，各有千秋。我们曾经有 80 后的人做到总监的位子，成长非常快。当然我相信不会那么容易，有很多不眠之夜，这就是我们的人才培养。

第二，制度化创新。我们做了很多产学研的联盟。我们和清华大学、上海交大有很多合作的项目，比如临床上的合作，设置博士奖学金。我们建立了国家博士后企业工作站，并且是上海市首批产学研联合培养研究生基地的依托企业。这样的好处是把学校的课题和我们的产品完全联系在一起。再一个创新是我们把知识产权看得很重。美国的医疗器械就像中国的 IT，有太多的专利。专利与其说是为了攻击别人，不如说是为了保护自己，如果你有一个想法一定要申请专利，当时我们的工程技术人员经常会去申请专利。一个公司可能死于一场官司的败诉，所以知识产权的投入和机密对于一个公司长久战略的发展是非常重要的。我们从战略的高度来看，应该怎么制定知识产权的路径，怎么保护公司的所有产品和技术？我们有人才的投入、研发的投入、专项的投入，从各个方面注重保护知识产权。另外，我们也做了很多激励措施，比如我们每年都有专利奖，每年要填写专利的奖项，这些都有一定的激励效果。通过评先进来激励大家进步，这些都是各种各样的制度性创新。

知识产权的确定可以激励技术创新保护，所以知识产权是相当重要的，希望在座的同学以后能做更多的知识产权申请。我知道的一个案例是:在八九十年代,江西景德镇有一个景泰蓝,其实我们早在做,但是日本也做。我们还没有搞清楚,日本那边就申请专利了,最后还变成我们侵权了。所以知识产权不再是一个技术,它已经成为经营的方式,知识产权可以改变很多生产方法。我在创业的时候,我们输了一场官司给另外一个竞争对手,我们大概有30%的产品在美国一夜之间不能卖了。当然如果不服可以再打,但是法院已经执行,然后一夜之间大概1 000多人失业。知识产权可以造成非常大的影响,可以影响公司的很多方面。

第三,通过承担国家重大研究项目,可以提升企业对产业发展的影响力。举个例子,现在我们和材料学院、纳米学院正在做一个项目,就是将学校最新研究的东西结合起来做一个课题。这对学校来说也是提升学校知识产权的一个好方法。

这是上海市科委和上海市发改委的一些项目。有些项目是和大专院校或者医院一起做的,就是我刚才说的产学研的一些项目。我们的产品已经在全国1 100多家医院被使用,普及率达98%,累计治疗病例数40万例,连续六年市场占有率第一。国外有20多个国家,东南亚、南美、欧洲国家都有我们的产品。如果像我们公司这样的企业,规模再大10倍,再有两三个企业都能做得很大。我相信很多专门做上游产品的公司就会应运而生,我们就不需要再从国外购买。这也许是一个机会,但是因为这个专业比较专,所以前期的投入比较大。如果有人愿意尝试,能够做到上等的材料,我非常愿意看到国内这种产业链能够逐步形成并提升。我们一直觉得通过逐步的发展一定能够带动相关高科技产业,如新型材料、电子、精密器械、缓释医疗的发展。

以前说“三流企业卖产品,二流企业卖技术,一流企业卖标准”,最近我们从公司的角度参加了上海医疗器械未来十年的技术路线图的设计。我们参与了很多国家检验标准的制定,这些对于企业来说非常有利,对一个产品的促进是非常有帮助的。

通过这么多年的努力,公司共计申请国内外专利211项,其中国内专利

186 项。这些是我们在国内取得的一些成果,也是多年来国家和上海市支持的结果。

三、多元化:不断进行的二次创业

现在回到创业的角度。自 2007 年开始,国内有十余家企业加入到心脑血管介入医疗器械领域的竞争中来。同时,中国心脑血管介入治疗的这一全球新兴市场也被国际医疗器械巨头如强生公司、美敦力公司、波士顿公司看好,正不断加大对中国市场的投入支持。

通过这么几年的探索,我们成立了四个公司,经营不同的产品。首先做的是生命科技,它是治疗糖尿病的。我们知道亚洲人有很多患糖尿病,糖尿病时间一长就需要用胰岛素,我们在做胰岛素制剂。通常的做法是用针扎,这样的方法非常不好,所以我们就研制了一个自动的产品,可以把血糖控制在标准的范围内。随着经济的发展,我们进入到治疗糖尿病领域,这就是多元化的第一个选择。

其次做的是骨科,中国有很多骨科公司,但是技术含量不够高端,所以我们选择了做脊柱。我们想做高端的骨科植入,比如我们现在做的就是国内比较少用的脊柱的植入材料,这也是我们的多元化选择之一。

再次是进入心脏电生理领域,做各类快速性心率失常的治疗,还做防颤的产品。现在大家都很年轻,不会想到这个问题,如果人活得足够长,很多人都要做防颤,但现在也没有很好的药能防颤。我们之所以选择这个行业,因为在国内只有两家竞争,并且它的发展非常快。

最后是治疗心动过快的起搏器。虽然起搏器发展了很多年,但是中国人没有自己的起搏器,做了很多年一直没有把起搏器做出来。现在我们的团队已经做起搏器一年多了,这也是我们想做得比较大的一块,它将来的市场前景也是比较好的。如果将来能够把价钱做好,并且是自己的起搏器,对于中国来说是一件非常好的事情。

这就是我们微创医疗的发展战略，我们想通过未来的3—5年，把微创的产品从现在的一个拳头变成将来的三到四个拳头，微创医疗就能够进入一个稳定的增长时期。我们通过二次创业的布局和现在的平台，从心血管领域到非心血管领域的治疗，让微创医疗变成一个用介入治疗的方法治疗慢性疾病的医疗器械生产公司。这是我们长远的计划。将来我们还要做很多医疗服务的东西，全方位地管理病人，这就是微创的愿景和规划。我们公司销售额从2001年的700万元发展到2010年的1.3亿元，我个人的看法是未来5年这个行业依然会以20%的速度在增加。美国有3亿人，中国有13亿人，美国每年手术的病人是100—110万人，中国2010年才做了30万人，大家算一下这个比例就知道中国的发展空间还有多少。当然中国的经济状态和美国还不能比，但是我相信5年以后这个行业的发展还会更大。我相信这个行业再翻一番是非常容易的，因为我记得2003年年初我刚回国的时候大概1万人还不到。我相信经济的发展将越来越快，随着医院的普及、医生技巧的提高，行业会逐步地发展起来。

提问：您好！刚刚说到了起搏器，因为外国人已经做出来了，为什么我们中国人还要努力去做，有用的不就好了吗?

回答：有些核心技术还是要掌握的。我觉得核心技术、关键技术如果不做永远是别人的，而我们国家做大飞机也不是因为心疼花钱去买别人的。如果不掌握这些核心技术，将来更新换代就无法去提高技术，将来病人的深层管理就无法去做。未来要实现一旦有危机马上就知道病人的变化，如果在车上安装一个起搏器，就可以随时知道情况。如果现在不做，将来永远是别人的。我觉得不单是现在可以去进口别人的起搏器而已，而是将来的发展。

提问：现在国外已经有大飞机做得很好，但是我们做不出来。我们都在研究他们的东西，我们是不是能够做得像他们一样? 怎么样突破这种模式，让我们走在他们的前面？

回答：中国预测过，到2020年要进入创新型国家的行列。从我比较熟悉的已经做到的药物支架说起。我们第一代产品确实和国外没什么区别，但是我们现在做的第三代，连他们都认为是非常领先的技术。通过第一代进去了，然后才有基础和他们一起走。现在药物支架上，我们研发的项目完全和国外大公司研究的想法是同步的，大家都在朝这个方向发展。一旦进入这个门槛，就可以跳过很多弯路，直接进入新的领域。如果不在里面就没有这个平台。这是一个过程，未来的希望掌握在大家的手里。

四

创业环境

城市转型发展中的创业机会

——以幸福江阴建设进程为例

时任中共无锡市常委、江阴市委书记　朱民阳

时任江阴远景能源科技有限公司董事长、总经理　张雷

【朱民阳】

2010 年 7 月份上海交大的创业学院把创业基地定在我们江阴，我们非常珍惜这个机会。此后，我们就有很多的交流，特别是 2010 年的 12 月份创业学院的 50 多名学员来到江阴，我们也有过互动，当时我被上海交大创业学院的同学所感染，和他们交流之后我感到很兴奋，因为上海交大的学生充满活力，富有创新精神。借“创新与创业大讲堂”的机会，把创新的理念和创新的精神与大家做一下交流。

主要是讲两个方面的问题，第一个是创业环境，第二个是创业机会。当然，我这个是结合到江阴来的创业环境和创业机会。首先我讲一下经过五年的幸福江阴的建设，我们江阴的创业环境。接下来在推进“十二五”的发展中，我们正在推进率先实现现代化，这是一个创业的机会。

幸福江阴的建设里程

“幸福江阴”是2005年开始提出的，江苏在全国提出要“两个率先”，就是率先实现小康，率先实现四个现代化。这涉及很多的指标，这些指标比较多地反映了民生。在这个之后，我们认为老百姓的感受很重要。于是提出要让人民群众认可的、老百姓得实惠的不含水分的小康。在这样的基础上，我们思考，在实现小康的过程当中，怎么样来引导、推动我们的城市向现代化城市迈进，我们当时就思考了三个“什么”。

第一个是小康达标之后干什么？要让发展成为老百姓实实在在的感受。第二个是我们拼命发展经济为什么？我们在拼命推动经济发展过程当中，我们要回过来想想，我们这个城市环境保护得如何，生态保护得如何，人民群众在经济发展过程当中得到了多少的实惠。所以我们要在真正意义上不断地满足人民的生活需求和提升人民的生活品质。第三个是区域领先我们去争什么？我们江阴确实经济发展比较快，但是我们这种争先除了经济总量的快速增长，我们还要比一比结构性的问题。2010年我们实现了2 000亿元的GDP，人均3万美元，超过了发达国家。这些指标我们靠什么来实现，是不是靠大量的排放污染、消耗能源、破坏环境来实现的？我们区域领先争什么？要争可持续，要争生态发展的可持续。从这三点出发，我们提出了幸福江阴。

当然现在幸福提的很多，我们知道幸福是没有止境的，这也是一个愿景，也很难说让大家有一个统一的感受。但是重要的是我们要把最基本的内容实现，这包括享有工作机会的权利，要能够通过我们的创业使我们的财富尽快地积累，要有一个安定、和谐、有序的社会环境，使人和人之间能够拥有平和理性、和平相处的好心情，更重要的还要有好的身体素质，这样才可以对我们美好的生活不断地追求和享受。

在城市发展过程中，应注重社会、城市、文化、管理整体上的提升。一个城市要有一种精神，我们江阴的城市精神是“人心齐，民心刚，敢攀登，创一流”。这种精神与体现在我们大学生身上的创业精神是相同的。

人心齐是一种口号,更是一种精神,一种文化。江阴几十年的发展,改革开放前我们就是一个农业县,我们只有一个水稻地,为什么现在可以发展到全国同类城市的第一。很重要的就是我们几十年的发展,始终咬住发展不放松,无论外面的经济气候环境如何变化,发展不变。所以江阴有一个喊响的口号和大家的认同,就是江阴好,企业好,江阴强,企业强。在推动过程当中,我们作为一个创业者来讲,一定要有一股劲。这一股劲对城市来说叫发展,对个人来说就是瞄准了之后不能松,很多事情的成功就是因为坚持到最后。我们说一件事情做了,并不等于做完,做完了不一定做好。所以江阴人心齐的精神,就是不管发生任何变化,都要把事情做成。

第二是民心刚,既要有大气的精神又要睿智,要刚柔并济,要敢于发展还要善于发展。对创业者个人来说,不仅要有一股劲,还要有智慧。我们江阴企业比较精彩的地方就是很多企业在发展的过程中,大股东赔钱也是小老板,小老板赚钱也是大股东。比如说你搞一个企业,百分之百持有股份,但是你一年只能赚 100 万元。如果你的这个企业和另一家企业合作,人家比你更强,比你做得更好,你可能只持有 10% 的股份,但是一年总共赚 2 000 万元,那你就可以赚 200 万元。我们在市场经济条件下,要善于和人家合作,把最优秀的东西整合起来发展自己。

第三是敢攀登,意思是说在整个发展过程中,我们要发展重点,突破难点。在攀登的过程当中,不是说凭实力就可以了,不是说把人家压下去你自己就一定可以上去的。所以攀登也是一种合作的过程,需要团队精神。

第四是创一流,就是不服输。江阴人有一种精神就是不服输,江阴人不怕你好,就怕不知道,一旦知道了他就会想更好的办法去超越。这对创业来说也是值得借鉴的。当然一方水土养一方人,江阴人的精神是一代代人传下来的。

江阴现代化进程中的创业机会

我讲的幸福江阴的建设,我想讲这么多,无非是想给同学们一个信息,那就是我们江阴是一块创业的热土。

现在江阴在推动“十二五”的发展过程当中，正在研究探索江阴如何率先基本实现现代化的问题，我们初步考虑从以下几个方面入手，这几个方面也是大学生创业的机会。

1. 社会结构现代化

我们正在构筑一个橄榄形的社会结构。大家知道一个社会它的收入群体，它的人员结构如果说是中等收入群体占大多数，就构成一个橄榄形的社会结构，这个社会一定是稳定的、富裕的、和谐的，可以永续发展的。我们希望在未来率先基本实现现代化的五年奋斗目标当中，打造一个橄榄形的社会结构。中等收入群体大，富裕和绝对贫困的两头人要少，这是我们要做的第一件事情。

在实施过程中，我们主要从四个方面实现。第一是增加就业机会，增加能够实现较高收入的就业机会，这主要是解决工资性收入的。比如说，大学生在毕业之后希望从一些最基础的岗位干起，但是又可以迅速在岗位上不断地提升，使工资性收入得以增长。第二是增加资产性收入，主要是使我们个人财富的效益最大化，最后体现在对社会的贡献和财富的积累。比如说，我们在城乡拆迁过程当中，把拆迁工程变成惠民工程。一户人家有 150 平方米，如果说拆你 150 还你 150，这个显然就简单化了，我们换一个角度换一个思路，70 平方米是你自己住，或者是 80 平方米租给人家，这样的话就可以解决你的资产性收入问题。当然有的家里住的人多的话，那还是需要大面积。包括我们在整个社会中的财富管理，这也是我们政府要做的。第三就是增加经营性收入，在这个过程当中，如何在这样的环境下使我们的各类财富最大化。比如，我们的专利、我们的技术如何转化为钱？这也是一个经营的过程，当然这也是知识和资本的结合过程，这个环境的打造也是非常重要的。第四是增加保障性的收入，政府如何把更多的财政收入向老百姓转移，增加老百姓的保障，医疗保障、生活保障等等。最后还有社会义工慈善捐助问题。

以上这些和大学生、创业者有什么关系呢？我想在这个过程当中，我们非常需要专业的人才，或者说因为大学生学得比别人多一些，各个方面的想象力更丰富一些，特别是在我刚刚讲的这几项内容还不是非常发达的情况下，如何利用你们的智慧和经验,是有很多机会的。现在大学生创业很重要的是要研究一个团队的合作,来实现社会各种资源整合的问题。尤其是在一些发展比较快的最早发展起来的城市,向现代化城市发展过程中,你们可以抓住一种市场机会和创业机会。这种机会不是每一个城市都具备的,在发展较快的城市,我们的大学生是最有机会的。

2. 产业现代化

所谓的产业现代化就是我们要引导我们的企业从橄榄形的模式向哑铃形的模式发展。现在我们企业的特点往往是橄榄形的模式,制造很大,研发和销售不大。我们要把它调整过来,这依靠的就是科技和人才,还要靠标准、品牌和专利来推动企业的转型发展。在江苏发展的企业,我们在人才和科技方面给予了更多的聚焦和政策的服务。我特别结合我们大学生的创业来讲,我们对到江阴来创业的大学生,会给你们第一张订单,当然这是政府需要的,第一笔资金,第一份服务,第一个推广。这个话怎么讲,大学生创业最难的就是你起步要能拿到第一张订单。说实在的,你再怎么觉得是好东西,但要大家来认识你,特别是掏钱来买你的好技术、好产品的话是比较难的。一旦这个市场打开,第一战成功了,后面就会比较容易。在江阴就有这样的机会。比如,我们要加强我们的两化融合以及信息化社会的管理,实现企业的主辅分离,这些都需要大学生所掌握的技术,来加快实现它的产业化和商品化。在江阴,你会有很多的机会。你能拿到第一张订单是非常不容易的,但你拿到第一张订单后,逐步推开就容易很多。还有拿到第一笔钱的问题,大学生创业拿到第一笔钱是很难的,我们说银行只会锦上添花,不会雪中送炭,在这样的情况下,谁来给你第一笔资金让你创业成功,特别是伴有很大风险的情况下给你第一笔资金,在江阴会有更多的机会给你。一旦你成功,银行会找你,因为它希望通过借钱给你来赚钱。所以大学生可以得到第一笔钱也不容易。为什么江阴可以?因为我们有比较好的工业发展基础,我们有把企业资本组织起来,对一些科技创新企业进行支持和投入的一套服务机制。我们正在推进我们的企业从橄榄形模式向哑铃形模式转变。在这个过程当中,要有大量的工业主辅分离,大量的社会化管理和服务，会产生很多的市场机会。这种市场机会，恰恰和大学生的技术、本领以及要创业的这些东西是相吻合的，机会是非常好的。

3. 城市现代化

长三角沪宁线上的城市一个挨着一个，城市连着城市。作为江阴，我们这个城市在这么多的城市群当中，如何跳出来。我认为这就是创新，也就是说你这个城市的特色是什么？就像我们个人的创业一样，你要有一个主意，要有一个吸引人家眼球的点。我们提出要提升城市的能级，努力推进城市的品质消费。

在城市现代化过程当中，我们的大学生和创业者就有很多的机会，因为这些东西并不是每一个城市都有的。一个城市的发展，不是说全面加快就可以快速发展。我们把一块区域划分为不开发区域，就是纯粹的农业生态环境的打造，城市的绿色在这里集聚，未来的城市如何来评价它的好坏，还要看它有没有好的水和空气以及可持续发展的空间生态环境，所以我们把不开发区域作为重点。

我们要通过高效益的农业来发展不开发区域，所以江阴有很多的大学生当村官。我跟我们的大学生讲，你要往上走，你要和农民交上朋友。你交得越深，走得越快，而不是说不交朋友就可以走得快。你要扎根农村，才有农村工作的经验和为你说话的人。这样的话，你才会跳出来，你越是格格不入你越是陷在那里。如果说大学生有农村或者是企业基层两三年或三五年的经历，对你以后的发展是有很大帮助的。农村也好，企业也好，它最大的问题是可以解决你在学校当中解决不了的问题。因为学校提供的是学位的问题，而在农村岗位上是解决会学的问题。

最后是要大力提升市民素质，带来更多的创业机会。我们在推进学习型创新型城市的建设，所有这些都是力求使我们这些城市，通过产业现代化、人的现代化和社会结构分配的现代化，最终探索基本实现现代化。

提问：刚刚您讲了您对大学生到江阴创业的支持，我想了解下在整个“十二五”规划期间，江阴市重点发展的是哪些行业？在这些行业领域当中，江阴市有没有对大学生创业重点扶持的政策？

回答：现在在江阴，传统产业占70%，新兴产业占30%；“十二五”我们要掉个头，新兴产业要达到70%。在未来新兴产业发展过程当中，我们重点是四个方面，第一是低碳产业，第二是机械装备，第三是新材料，第四是现代物流。我们在“十二五”期间还要为“十三五”培育五个百亿级的新兴战略产业，包括新兴传感器、服务外包等。在这个过程当中，我们还有传统产业高新化的问题，这里面也有大学生很好的创业机会。比如，如何把传统制造业的服务业和制造业分离开来，在我们传统制造业当中，服务业和制造业是混在一起的，接下来我们要引导企业做整个产业链产业价值最高的一块，或者是利润率最好的一块，这里面就有服务业和制造业的分离，这些都是大学生创业可以寻求的内容。至于说政策的问题，因为时间的关系，我可以给你有关的书面资料。

提问：刚刚您讲到大学生拿到第一个订单是非常重要的。我们作为大学生，比如说我们有一个项目，这个项目是我们拥有的技术，跟美国食品药品监管局有一项合作，是国际一流的水平，如果说这个是经得起考验的，您会给我们什么样的一个实际的指导？

回答：现在我感觉到中国的科研，包括我们大学，有很多的好东西，但是往往只能是孤芳自赏，它的问题是不能产业化，不能商品化，中看不中用。很重要的一个问题是如何使科研成果商品化、产业化的时间缩短。我们最大的特色就是加速器，也就是说你的科研成果在我那里能得到孵化，得到加速器载体的推动的话，可以促使你商品化。这也是江阴为什么可以吸引人才，或者是加快技术创新，打造技术高地的特色所在。我想从你的定位上，一定要将你的技术同资本联系起来，企业家+科学家+资本家才是最后的赢者，我们不仅要考虑技术，还要考虑人才、经营、资本的结合。如果说真的是好东西，你要舍得把你的知识变成钱，也要善于让别人的钱来买你的知识。小股东赚钱也是大老板，大老板赔钱也是小股东。你要善于把知识给有资本的人，给有市场的人，给有让你获得市场许可的人，这样的话，你的技术就能很快产业化了。

提问：在历史上，日本曾经有一段经济高速发展时期，当时他们是引进了大量的技术,缩短了科研的时间来提高经济发展水平。而现在我国又大力鼓励科技创新来发展我们自己的品牌。我想问一下,江阴市是如何看待技术因素和自主创新这个问题的?如何平衡,来使江阴快速发展?

回答:我觉得是两层意思:一个是我们国家确实要做一些基础性的研究,要真正享有自主知识产权,自主创新的技术,这是国家战略的问题;但是对地方和企业来讲,很重要的是要买技术来发展自己,而不是靠基础性的研发来发展自己。我曾经跟江阴的企业家说,你们企业家在当前的形势下,要善于学会用资本来买技术,而不是过度地注重企业基础技术研究。企业作为一个逐利的个体,追求的是把技术转化为利润。但是如果都不搞原创性的技术,这个国家怎么进步。企业在财富积累过程中,我觉得同时还应该引入国家原创的技术,用更多的形式来支持和资助国家的基础性研究。就企业而言,我认为很重要的是要善于用资本、技术、合作、市场等多种方式使企业更多地实现价值最大化。关于技术的引入问题,从江阴这个城市来讲,我们的技术引入,我认为很重要的是要搭建平台,也就是说要打造一些区域性的服务平台,可以让江阴这一地区性的城市在行业当中起到引领作用,起到标准、品牌、专利的指定的作用,这是我们政府要做的。我们政府不仅要搭建平台,必要的时候还要花钱投入来进行引入。从国家来讲,我认为很重要的是要高度重视一些基础性的技术创新和基础研究,这是涉及国家发展战略的问题。从企业、地方政府、国家来讲,这三者关系大家应该各有侧重,但是这里面是不矛盾的,我们大家要抱团来进行自主创新。

提问:我想问一下,作为我们这些大学生创业者,假如我们要到江阴做相关的一些配套服务设施的创业的话,会不会得到一些政策的优惠或者是扶持?按您之前提到的,这并不算是一些高科技的创业。

回答:在大学生创业过程当中,就像你说的,有的不一定是很高的技术,但是市场还是需要,或者说通过企业、政府、创业者的共同努力把它培养起来还是很有市场的,或者说它对技术本身没有太大的作用,但是对就业或者是绿色企业的效应有贡献,这些我们也要支持。你希望了解一下我们江阴具体的大学生创业的政策和环境条件，我概括一下，讲这样几个方面。首先，一个企业或者是一个产品要成功，很重要的是怎么样拿到第一张订单的问题，这是非常重要的。我们跟我们的企业有一个共识，我说我们政府不是你们企业的领导，订单是你们的领导，市场是你们的领导，所以我们要创业成功，首先要想到我怎么样来获得市场。你到一个地区去选择你的投资，我认为谁可以给你订单，谁就是最好的投资环境，这就是最大的政策。为什么？因为我们只有有了订单，我们才能不断地发展。我们江阴从小康迈向率先基本实现现代化，政府有很多的需求，企业有很多的需求，老百姓的消费有很多的需求，社会的管理有很多的需求，你的产品在加快市场化的过程当中，在我们这样的城市比较容易获得第一张订单，这是最大的一个政策。大家在选择的时候，要更多考虑到这个问题。其次，是资本引导。在创业过程当中，在办企业过程当中，你一定要有钱来支撑，比如你要给你的团队发工资。你要有钱，没有钱的话什么事都不行。但是钱从哪里来？很难，尤其是初办企业要获得资本支持是很难的。在这个过程当中，我们江阴有 2 亿的风险投资是政府主导的，有企业的创投，有社会的私募基金，还有我们正在整合的一些小额贷款银行，几十万，甚至是几万块都可以贷过来。在我们这个地区，你可以通过多种途径、多种方式比较简捷地获得资金，这也是非常重要的。此外，我们对企业，尤其是像这些初创的企业，会提供制度性安排的服务环境、培训和交流平台，搭建市场，以及指导如何有最佳的财税合理利用，等等。

【张雷】

我的创业理念

远景的理念是修身、齐家、报国、为天下。我们想成为一个为人类的可持续未来承担责任的平台。创业四年多以来，最大的感触凝为一句话，就是从历史赋予的责任中去寻找商业机会。为什么这么讲，其实我想大家要从历史的角度来看一下的话，这些伟大的企业和伟大的企业家，他们大多数都具有非常强的使命感。通用电器的创始人爱迪生，他当初的梦想是什么？他当初的梦想是驱走黑暗，所以他做起研发灯泡这样的事业。在这个过程当中，得到了JP摩根的鼎力支持，使他的创业真正得到了平台。十几年前，像谷歌这样的公司创业的时候，创始人的目的是什么？他的目的是想整合全球的信息，让信息更方便地为各种各样的人群所享有，即使是一个农民要播种插秧，也可以通过互联网来找到方法。一个好的企业，一个好的企业家，他的背后是看到了时代的责任和机遇。今天我们看到了什么样的机会？为什么我们要做清洁能源和清洁技术？

我的创业动力

差不多在八年前，我当时也是在英国的投资银行工作，我有非常好的机会，有朋友跟我说，我们一起去中国倒煤，这是一个很赚钱的事情。因为当时我每天都在分析全球的能源需求状况，确实倒煤可以赚到很多的钱，但是我感觉这个事情没有意义，这个事情或许可以为你带来很大的财富，不过我想今天的中国，真正缺的不是一家能够赚钱的企业，缺的是真正能够为中国当今经济发展和企业发展有一些示范性和启示意义的企业，所以当时我放弃了这个机会。但是突然有一天，我在上班的电梯里看到银行贴的一张纸：各位银行同志请记住，未来全球最大的交易不是石油，而是整个碳资产的交易。究竟是什么在驱动人类文明的发展，人类历史到底是什么样的机会我们可以捕捉。所以这个时候我就看到，在过去几十年当中，我们的确有这样的责任，能源危机，已经在持续地提醒我们，我们的能源不是可持续的。今天我们中国是不是还在通过廉价劳动力来获得竞争优势，今天我们中国企业是不是还在通过透支环境、透支中国的廉价劳动力来获得竞争力？这一切，我想也是我们当初想要创业背后的强烈动力。要能够真正地看到责任，把这个责任转化为我要创业的机遇。

现在很多同学想要开拓一份事业，我的一个建议是，你在考虑这个事业的时候，要想到我这份事业是不是在解决很多人非常梦想的需求，这个需求是不是我们这个时代、我们这个社会、我们这个人群真正渴望的，真正让他们感觉困扰的，从而为整个事业找到一份基础和根基。这样的话，当你的事业开展的时候就会顺势而为，也会得到最优秀的团队来支持你去开创历史，你将会得到政府的全力支持，你将会得到资本市场的认可，而这一切是伟大事业的开端。中国有一句古话说得非常好，叫“大商谋道，小商谋利”。明白了这个道理，对于一个想创业的同学，你们或早或晚，或大或小都可以做出自己的一番事业。

提问：我是创业学院的学生，我想问这样一个问题，我了解到您的专业和风能技术没有太大的关系，您的风能技术团队是从哪里来的？如何整合这个团队呢？

回答：确实我不是做风能技术的，但是本人一直对技术有非常强烈的爱好，我有部分的工作也是和金融工程有关。我对整个风能技术有很多的关注，包括今天很多的创新，技术方面关键的决策都是主导和参与这个事情的。你在去掌握这个技术的时候，你不一定是站在一个非常细节的具体的问题上去运作，你可以站在一个战略技术的层面看客户的需求、资源的整合。这是我扮演的角色。说到如何整合团队，有一点非常重要：对技术的理解，对技术资源的整合。这是不能授权的，你本人一定要真正地花精力去理解这里的精妙所在，这样你才知道我要找什么样的人，应该去什么地方才可以找到这样的技术人才，这些技术人才应该具备什么样的技术背景，他本身以后的技术方向在哪里。这个行业到最后人才的竞争是非常激烈的。我们的人才应该是来自于这些最优秀公司的最优秀人才，包括我们自己也在不断地培养人才，我们每年都从交大招一些最优秀的学生，送到丹麦和美国去，给他技术学习和创新的机会。刚刚你看到的二十多个丹麦的同事，只有两三个人有公司的股份，他们的工资基本上也变化不多,但是他们为什么愿意来远景。对于技术人员,我们给他提供了一个实现他梦想的平台,提供了一个企业很好的文化,一个非常包容、自由的文化,而这在他们以前为西班牙人公司打工的时候是体会不到的。这不仅是物质的激励,对优秀人才来说更多是精神、生命、创造力的激励。我们要创造一个未来的企业,未来的企业是什么?就是真正能够激发所有员工创造力、使命感和归属感的企业,而这样的企业也是民族的企业。我们要真正让员工的智慧在企业当中工作,我们要的不是员工的双手而是他的智慧和大脑。

提问:您的第一桶金是怎么样获得的?

回答:其实我的第一桶金还没有。应该说整个创业发展的过程,是一个借力的过程。有人问我,你的第一个 100 万怎么来的,我在创业的时候,可能赚的还不到 100 万。整个过程的话,我再一次想提醒的是,如果说你真正把握到市场需求,或者说整个历史的机遇上去,当初在创业的时候,全球的投资界、资本界非常关注风电技术,我本人也工作了一些年有一定的积累,我的家庭也给我一些积累,但是风力发电动辄几千万,不是小小的一桶金可以解决的问题。我在英国认识一个战略投资者,他非常信任我,当初他到我们企业来时,差不多只有十几个人,在朱书记提供的一个三十多平方米的办公室里。我们谈到当时我们企业的估值是 5 000 万美金,三个月之后我还有机会再问他要一笔钱,那个时候估值是 1 亿美元。你要相信,如何有一个比较好的资本的网络圈子这是非常关键的,但是背后更关键的是别人对你的判断,你这个人是不是能够做成一番事业,是不是值得别人尊敬。所以我们把修身放在第一条,做一个正直、坦诚的人。我的"第一桶金"我想就是我的为人,我的为人值得方方面面的朋友、投资人,包括很多跟我一起创业的伙伴的信任,我想这是我的第一桶金。

提问:在您做技术管理的时候,技术和管理这两个方面您是如何统筹起来的,能不能跟我们分享一些您在技术管理方面的经验?

回答:首先,我没有做过管理。恰恰得益于我们没有学过管理,也没有真正被这些机构化的非常 MBA 的思路约束,这也恰恰是远景目前在管理上有很多创新的地方的原因。很多人问我,创新最根本的精神是什么,我说是实事求是。对于你如何平衡技术和管理,尤其是做好技术管理,我想有几点非常关键:第一,必须以市场为导向;第二,必须是真正的实事求是的精神;第三,技术的载体在于人,你如何管理好技术,不仅要在战略上有清晰的眼光和判断,而且在人的资源整合上,在人的积极性、能动性的调动上也非常关键。目前对这方面我思考最多的是如何把远景建成一个民族的企业。我们对员工设置众议院、参议院,每一个员工都是众议院的成员,他们可以监督我们的管理成员,有意见可以向我们提。参议院的是员工代表,他们收集这些意见来提出议案,要求我们的管理层来实施。我想这一点给我们很多的基础技术员工和刚刚入职的大学生一个非常好的感觉,他们的知识、他们的思想,可以真正被管理层认同。技术和管理里面有很多是人性的问题,文化的问题,一个企业存在意义的问题。

创业服务体系的完善
——以上海市杨浦区的创新探索为例

时任上海市杨浦区人民政府区长　金兴明

上海交通大学是一所受世人尊敬的综合性、研究性、国际化的一流大学，特别是上海交通大学有着很好的创新精神，率先建立了创业学院，建立了新能源、核电、智能电网、高级金融等若干个高水平创业园，也跟上海市大学生科技创业基金会进行了合作，建立了相应的分会。所以我感觉上海交大创新创业的氛围非常好，同学的愿望也非常强烈，这个是我今天非常愿意跟大家交流和分享的主要原因。

当今世界产业的转型和分工正在深刻地变化，世界经济的浪潮风起云涌，金融危机带来的负面影响并没有完全消除，时代呼唤着创新，社会鼓励大家创业。

大家都非常明白，随着经济社会的不断发展，整个地球上人口、资源、环境压力与日俱增，在这种背景下，我们传统的主要依靠资源和要素的投入来驱动经济发展的方式已经很难维持。因此，经济社会的发展和城市化的竞争都需要我们进一步依靠科技创新，来驱动我们社会的发展。

创新的概念及其要素

熊彼特在1912年提出，创新就是把生产要素和生产条件的“新结合”引入到我们生产体系当中来,也就是说建立一种新的生产函数。

创新要依靠一些基本的要素或者基本的条件,才有可能成功。我个人认为创新的要素主要是四个:第一,就是敢于创新,有这样一种思维;第二,要掌握一定的资源和条件;第三,要有一个良好的环境和氛围;第四,要把握一个十分恰当的时机。我觉得这四个要素都具备的话我们的创新就有可能成功。

创新理论最初是一个世纪以前熊彼特提出来的。此后,德鲁克把创新概念引入到管理里面,诞生了两个创新的分支:一个叫做技术创新理论,一个叫做自主创新理论。在这之后,又有众多的科学家、经济学家、管理学家不断探索,不断研究,建立了很多技术创新的模型。

那么,国际上创新的格局如何?世界上创新型国家是如何做的呢?所谓创新型国家,本质是一种国家创新的模式,也就是说这个国家的发展和进步,由过去靠要素驱动,逐渐走向靠创新驱动,有这样的转变就可以称之为创新型国家。

衡量这个国家是不是创新型的国家,有不少的指标。现在世界上比较公认的有 20 个国家可称之为创新型国家,比如美国、英国、法国、日本、德国这一些国家,创新型国家主导了当今世界的科技发展。我们国家还需要进一步努力,根据我们的奋斗目标,到 2020 年会把中国建设成为创新型国家。

这些国家创新的特征,或者是它们的道路是怎么走过来的?以美国为例,首先,美国是抓住了新技术革命先进工业的发展机遇,主要以微电子为核心,带动了新能源、新材料以及物联网的发展,使得它成为 20 世纪 90 年代以后主宰全世界新经济发展的超级大国。

同样,美国也是依靠科技创新走出了金融危机。世界金融危机爆发以后,我们感觉世界上的各个国家都非常难,中国是从金融危机中走出来最早的国家,而美国是走得最好的一个国家。中国是靠什么走出来的?中国主要是靠投资,主要是靠资源,重大的资金和资源的引入。特别是我们国家提出了四万亿投入的目标,使得经济很快从金融危机中走出来。无论是 2010 年还是 2011 年中国的经济,GDP 增长都会在 9% 到 10% 左右,很多地方都超过了 10% ,以两位数在增长。我们仔细分析中国的经济结构后发现，我们第一个走出来，但是我们走得并不好。

从2011年来看，中国的经济发展主要靠工业，主要是国务院发文件限制的一些行业比如水泥等，但是它们却领跑了我们国家的产业经济。它们的增长速度在40%、50%等等，所以我们的GDP可以接近10%。这一次金融危机以后，经济恢复比较快，但是值得我们深入思考，值得我们检讨。

而美国走出来最成功，为什么？因为美国是依靠科技创新来带动它新经济、新技术的发展，来带动整个产业经济，同时利用金融危机的机会，把它的金融体系进行了改造，所以我们感觉美国是从金融危机中走出来最成功的一个国家。一说到美国的创新，大家都会联想到硅谷，硅谷是全球注目的高科技中心，是一个创新中心。硅谷创新模式主要依靠四大要素：第一，它有高度集中的知识资源，有斯坦福等大学；第二，它有众多乐于奉献的企业和企业家，比如说苹果公司和乔布斯等；第三，它有充足的资金，特别是大量的科技基金，风险投资基金等PE和VC；第四，它有一个鼓励创新的良好氛围，就如同苹果公司十年前的广告语，它们就要像疯狂的家伙们致敬，这个是非常了不起的创新精神和氛围。

再比如日本，日本是资源比较匮乏的东亚小国，但是在一百多年时间里，它怎么走的，它主要走了一条从引进、消化、吸收、再创新，逐步到原始创新，这样一个循序渐进的道路。所以日本走得非常成功。我们国家所有航空航天的成就日本完全可以在短时间内做成，它有科技的基础。

再看看韩国，韩国的三星和现代汽车是两个著名的创新型公司。韩国主要把培养和增强自主创新作为国家基本的方针。同时，韩国民主主义的精神非常强盛，韩国马路上的汽车60%、70%都是现代汽车，他们都买自己本国的汽车，而不愿意买国外的品牌，所以它的民族精神也支撑着它的企业保持一种创新的能力。而到我们国家马路上去看，几乎绝大部分车子都是世界上各个牌子，都是其他国家的牌子，很少有我们中国自主的品牌，这个就是一个民族跟民族的差别。我觉得民族的这种基础的力量也支撑着他们创新。

最后讲讲我们中国,中国办任何事,包括科技创新是否能成功,是否能发展,非常重要的一条就是领导人怎么看。这个跟其他国家不完全一样。毛泽东同志在新中国建立之初第一个提出向科学进军;邓小平同志提出科技生产力;江泽民同志提出创新是一个民族的灵魂,他也把科教兴国作为我们国家跨世纪发展的重要战略;胡锦涛同志提出要建设创新型的国家,把我们国家建设成进入世界先进行列的创新型国家。

到底我们国家什么时候可以成为创新型的国家?我们国家的规划是到2020年进入创新型国家的行列,这个是我们国家2006年由科技部牵头制定的,同时这个规划纲要提出我们国家的科技发展主要是自主创新,重点跨越,支撑发展,这就是我们的组合方针。

国内对于自主创新有一个比较好的诠注,或者说有一个定义,基本上分三类:第一类叫做原始创新,第二类叫做集成创新,第三类叫做引进、消化、吸收、再创新。这三种创新之间是相辅相成,相互作用,相互转换的。有时候我们同时把其中的两种创新或者三种创新都包含在一起。

上海市杨浦区创新探索与实践

杨浦区是上海八个中心城区中面积最大、人口最多的一个,有60平方公里的面积,常住人口131万。主要有以下特点:

第一,杨浦区是科教知识人员资源非常集聚的地区。杨浦区有14所高校,占了上海市高校的三分之一左右,在校的大学生和研究生分别占了全市的30%和40%。同时,有100多家科研院所,有55位院士,有2万多家企业。整个杨浦区的地图像一个张开的弓一样,蓄势待发。

第二,杨浦区有深厚的历史文化。杨浦历史可以概括为三个百年:百年的大学,在杨浦区有三所超过100年历史的大学;百年的工业,杨浦区是上海乃至中国的近代工业的发祥地,一些企业往往是中国最大的,甚至是远东最早最大的企业,中华香烟、上海牌手表、凤凰自行车、永久自行车都是在杨浦区生产的;百年的市政,20 世纪 20 年代孙中山先生批准的《建国方略》里提出的要建设大上海的计划就是在杨浦实施的,所以很多当时的建筑遗产就在我们杨浦。这样一种深厚的历史文化造就了杨浦特有的精神和文明,同样也感召着我们今天和明天的发展。

正因为杨浦区是一个老工业城区,它的创新转型有着特殊的含义,同时杨浦区是一个知识集聚的地方,有利于它的创新和发展。2010 年 1 月,它被国家科技部确定为全国首批 20 个创新型试点的城市(城区),这对杨浦区未来的创新发展有着重要的意义。

如何做好创新试点,推进创新工作?我们制定了一整套区域创新评价指标体系,有四项一级指标,两项二级指标,这些指标既是我们未来奋斗的目标,也是衡量阶段性创新成果的评价体系。包括以下几个方面:第一,明确三区融合、联动发展的创新理念。三区,即大学校区、公共社区、科技园区,由科技园区来促进可持续发展的技术创新,由公共社区来创造可持续发展的环境,由大学校区来输出可持续发展的人才。有这样的三区联动能够进一步推动科技与产业的发展,实现高校与社会的互动,促进共同的发展。第二,营造创新氛围,政府致力于出台一系列相应的政策,打造一种文化,就是要鼓励创新,容忍失败的文化。包括:产业政策,我们的产业政策有园区的政策、企业的政策等;融资政策,创业、创新离不开资金,我们建立了多元化融资服务体系,包括如何来集聚相应的 PE 和 VC,如何来推动联动,如何来创新我们的间接融资、推动直接融资,同时我们划拨了一系列的政府资金,有产业发展的专项资金,有科技进步的专项资金,有扶持中小企业发展的专项资金,等等;人才政策,我们建立了政府的引导性基金,来资助高层次的人才和科研成果的转化,也建立了一系列服务的平台,来扶持人才的创新和创业,上海大学生科技创业基金会、中国上海创业公共实施基地等都在杨浦集聚。它们有力地推动了我们整个企业的创新和创业。

第三,聚焦创新的要素。分成国际和国内。国际合作方面,大力推动中美之间创新要素的交流和合作。我们跟美国硅谷银行进行合作,请他们来管理政府领导性的基金,同时也推动硅谷银行跟浦发银行建立合资银行等。另外,学习和引进美国硅谷的创新理念和模式。我们引进了一些国际著名的大公司总部和它们的研发中心,这也是对我们创新很重要的因素,有利于我们中小企业环绕在它的周边进一步创新和发展。同时,国内方面,我们引进了国内重要的创新要素。1997 年,与上海市科委共同建立了上海杨浦科技创新中心,这已经被称为全国最具有活力和成效的孵化基地;2006 年 8 月,上海市大学生科技创业基金会落户杨浦;2010 年 10 月,引进了“宽带资本”,共同打造上海市的云计算创新基地;2011 年 9 月,建立了创新工厂的上海基地。我们还与香港的瑞安集团合作建立了创智天地,主要是软件和信息服务业、创业设计的产品、科技金融服务业和一些专业服务业。

第四,实施人才战略。我们在 2009 年 6 月被国家批准为海外创业人才的创业基地,杨浦区相应推出了一些人才政策,我们称之为“3310 计划”,就是为了实现三大目标,这个体系推进着我们整个人才的分布和创新。我们创立了“4 +4”人才工作模式,就是人才加项目的引才模式,创新加创业的培育方式,基金跟资金的融资支持,一站式和个性化的服务体系,以及所谓四位一体人才安居体系,主要是给创新创业的人才购房补贴、租房补贴,鼓励单位和高校一起共建单位的公租房,在我们区域内建立众多的人才公寓,有利于创业大学生租用。

创业的概念

创业者在掌握信息、资源、机会和技术的基础上,向着激励自己的目标,也就是创造财富和价值的目标进行奋斗的过程,就是创业。创业与就业有着密切的关系,在中国传统的解决就业的岗位主要是靠 GDP 的增长来拉动的,所以大家都知道我们国家的经济增长、GDP 的增速一定要达到 8%、9% 左右。每年我们有600多万大学生毕业，加上社会转型再就业，就有1 000多万个岗位需要解决。我们主要靠GDP的增长，如果GDP增长9%、10%，就有可能创造700万到800万左右的岗位，其他部分靠企业的增长容量和我们的创业来带动。

发达国家主要是靠创业来带动就业的。目前我们全国创业对就业的带动是1∶3，上海是1∶6.5，杨浦是1∶7。欧盟跟美国代表世界最先进的水平，基本上处在同一个层面，创业率在25%—30%，成功率在25%左右，而我们的创业率在5%左右，成功率在3%左右。我们国家与先进的国家和地区差别很大。上海在创业和创业带动就业方面，杨浦是走在前面的，上海创业率在10%左右，我们的成功率将近9%，大大高于国内平均水平。大学生的创业，目前就我们的分析和研究主要存在四大瓶颈：技术、资源、信息和氛围。我们缺少自主创业的能力，缺少相应的资金和场地，相应的服务体系还不够健全，同时全社会创业的观念或者氛围还不够好。要解决这些问题，我们就要问我们的政府、高校和社会组织，到底具有怎样的责任，如何来帮助大学生走好创业之路。政府主要是要有扶持的行为，要有规范的行为，我们要鼓励和推动创业，同时要规范创业行为；高校要进行创业文化的教育和创业氛围的渲染，创新成果要加快转换；社会组织要成为创业的主导者，要培育学生敢闯、敢拼的精神。这三者互为一体。

杨浦区在政府、高校和社会组织的共同努力下，为创业建立了一个非常好的孵化服务体系，我们分为三段，第一段叫创业苗圃，第二段叫孵化器，第三段叫加速器，分阶段服务大学生创业。

首先是创业苗圃，我们的学生可以在创业苗圃工作半年，这个半年是零成本的创业，你只要背着书包就可以进入创业苗圃，只要你有想法就可以进去，你所有使用的计算机和你的场地都是免费的。同时，免费提供专家进行指导，帮你把创意设想变为创业项目，这些企业家都是志愿者，他们有很好的创业经历，所以他们会帮助你们，鼓励你们，同时会对你的思想进行进一步的评价和优化，使你的想法真正成为一个很好的创业项目。

第二个阶段叫做孵化器，你在预孵化成功以后有一个创业项目，我们要进一步将其孵化成为创业的企业。这个孵化过程你可以在里面工作两年左右，这个阶段提供半成本创业，你在里面的费用减半，你自己出一半，政府贴一半。同样，会提供专家的辅导，如果你这个项目比较好，你还可以申报一些政府资金的支持，一旦申请到了，政府的资金都是免费给予的。同时，还会提供一些相应的实验手段和条件、政策咨询等。

第三个是加速器，经过两年孵化以后，你的企业已经建立起来了，这时候需要一些社会资金、资本与你对接，进一步需要政府的资金进行支持和引导。在这个过程当中，你同样有两到三年的时间可以进行加速器的培育，政府的社会组织依然会对你进行跟踪、辅导、支持和帮助。

以上举措有三个方面的成效：第一，大学生创业的意愿显著提升，尤其是上海大学生的创业意愿这几年明显上升。过去，很多父母怕自己子女吃苦，不愿意让子女创业，但是这几年观念明显地在改变，很多家长都十分支持自己的子女进行创业，所以我觉得这个是非常重要的条件。第二，创业带动就业的比例提高，社会效果明显。第三，成功创业的企业数量大增。杨浦区已经超过了1 800 家，每年大概增长 200—300 家左右。

以上给大家介绍了杨浦区的创新规划和创业扶植政策，最后和同学们介绍两个交大青年校友在杨浦成功创新与创业的实际案例，从中可以看到我们高校和政府联合开展创业教育、实践与扶植的成功效果，也给大家提升创业信心。

第一个案例，马俊婷，2006 年毕业于上海交大。她的特点是发挥特长，转行创业。她是学计算机的，业余爱好空手道，是空手道女子实战冠军。毕业以后放弃了计算机专业，发挥她空手道的特长，自己创业，开设了空手道培训班。刚开始的时候没有钱，也没有条件，没有学生，靠自己每个月 600 元钱的生活费进行创业，也是非常艰难的。之后她得到了 YBC 的创业贷款，走上正轨，现在平均年收入达到了 100 万，并且每年以百分之百的速度在增长，前两天她跟我们众多的专家以及领导们介绍她的工作，她非常陶醉。

第二个案例，刘学森，2000 年毕业于交大材料科学专业。他的特点是先就业，再创业。他毕业以后去了英特尔工作，在工作过程中，他对技术和整个市场做了很多的了解，发现了市场需求，然后出来创业。2006 年带领了一批人，依靠上海市大学生科技创业基金会给的 8 万元钱资金开始创业。2006 年以后紧接着金融危机，他受了一点影响，但他非常聪明，在经历金融危机的过程中，他找到了一条捷径：金融危机中一些企业把很多固定资产卖掉，他在这个时候捡了便宜，很多设备都是以一半的价格买回来。同时，他也得到了浦发银行 200 万元的贷款，不断完善他的检测设备。到 2011 年他已经赚到了超过 1 500 万元的收入。

结合这样两个成功创业的案例，我总结一下大力推动大学生的创业，以及引领他们走向成功的一些很重要的因素。首先，从创业者本身看，第一，就是要有好的创意。第二，一定要建立清晰的有限的目标，我们不能好高骛远，一定要有一个有限的目标，达到了这个有限目标之后再明确下一步的目标。同时，要得到政府和高校等的相关支持，也应该有组织和平台来推动和服务。第三，要有百折不挠的毅力。创业过程当中毕竟是失败的人多，成功的人少，特别是创业成功三五年以后继续发展的更是少数，所以创业的道路很艰辛，我们也要有思想准备，但是整个社会还是鼓励大家进入创业领域的。其次，从创业外部环境看，要有一个良好的社会氛围，要允许失败和重新开始，这样一种氛围非常重要。无论是大学生的家庭中父母亲的认识，还是我们整个社会的环境，都要有这样一种宽容的氛围，才能够使得我们的创新、创业取得更好的成功。

我想说，杨浦区成为创新创业的沃土，同样也是我们大学生工作、生活的乐土，我感觉我们杨浦区一切已经准备好了，我们热诚地欢迎大家的加入！谢谢！

提问：我在未来创业构想中也有可能倾向于机械行业。我想请问您，杨浦区在制造行业对于大学生创业是否有一些政策，以及一些新的构想？

回答:杨浦区支持创业,无论你是哪个专业的,我们不限专业,任何专业或者产业领域都可以进入这样一个平台进行创业,只要你怀有这样的梦想。首先,你要努力进入创业苗圃,苗圃阶段你就可以免费进入这个区域,这个区域内将有大学生志愿者以及创业者对你进行指导,来评价你的创业设想中是否能存在一个很好的创业项目。同样,也能够在杨浦区进行孵化,孵化以后才能够开发出你初步的产品。在这个基础上,你可以进一步进入市场,如果是大型的制造业会需要建一个大型的制造厂,一般制造业通常要办在郊区的区县,它才会有土地,比如说青浦、奉贤,但是你前期的孵化都可以在杨浦区进行。同时我们专业方面有老师,这个过程当中都可以享受良好的政策。这些专家对你评估,政府把基金拿出来,比如说有一个亿的基金,但是有很多人去争取,要经过专家的评价,最后看你可以评上 A 类项目还是 B 类项目,不同的类别可以给你不同数额的资金,还会给你相应政策上的支持。

提问:刚刚毕业的大学生,他们出去之后如果马上就业,工资应该还可以,但刚刚创业的人生活比较困难,有没有什么人才公寓,或者比较廉价的方式可以租到住房?

回答:生活的问题非常符合实际。一个人一生当中最有创业激情的是最年轻的这一段时间,就是大学毕业的这一段,但是这一段恰恰你们的负担是最重的,因为没有经济基础,也没有条件,接下来还面临着除了创业还会建立家庭等等。这段时间最有激情,但也是最纠结的时期,本身你创业的资金从哪儿来就非常困难,同时你还要住宿等。来我们杨浦创业的人,我不能说所有的人都能够住进我们的人才公寓,确实我们准备了一些相应的人才公寓,或者租金比较低廉的,可以提供一些暂时住房的条件。但需要申请,经过你的孵化基地,有关的组织进行评价,有一部分人是可以得到人才公寓的。同样你在企业里工作,在我们区域也可以去申请,这些都是政府提供的,我相信闵行区也有,为大学生提供一些相应的条件,这都是政府应该做的。

后　记

一直以来，上海交大都把创业教育作为学校培养拔尖创新人才的重要途径，在全国高校率先探索，率先实践，于2002年和2009年分别成为教育部和上海市的首批创业教育试点院校。

2007年5月，在党委书记马德秀教授的倡导和推动下，上海交大推出了创新与创业大讲堂课程，该课程面向全校学生开展创业通识教育，主讲嘉宾阵容强大，既包括著名的企业家、投资家和创业者，也包括创业管理领域的专家学者，一经推出就受到学生的热烈欢迎和广泛好评。2010年6月，上海交大在全国高校中率先成立了创业学院，从而使创新与创业大讲堂的举办得到了更好的支撑，在校长、中科院院士张杰教授，校党委副书记、创业学院院长徐飞教授，副校长、创业学院教学工作指导委员会主任黄震教授等诸多领导的关怀和支持下，实现了固定时间、固定频次、固定场地，同时嘉宾结构和演讲主题也得到了进一步的提升和优化。

五年里，已有46位嘉宾担任大讲堂讲师，演讲主题涉及创业精神、创业者特质、创业历程、特定行业创业经验、创业政策解读等众多领域。他们从不同的视角向我们呈现了不同的行业创业者的心路历程，揭示出了睿智的创业智慧，提出了精辟的创业语录。这些精彩演讲点燃了上海交通大学广大学子的创业激情，构筑起了交大学子的创业梦想。

五年里，创新与创业大讲堂累计覆盖人数达到数万人次，涵盖了我校本科生、硕士生、博士生不同层次的学生群体，不仅满足了部分有创业意愿的学生群体的创业需求，更重要的是，通过大讲堂的举办，以及持续开展大学生创业大赛、创业沙龙、电梯演讲、创业特训等内容丰富、形式多样的活动，使全校同学接受到了创新创业氛围的熏陶、感染和洗礼，收获了终生受用的创新精神、创造理念和创业意识，渗透和培养了学生终生受用的创新精神和创业理念。时至今日，“让创新成为凝结在交大学生血液中的一种精神，让创业成为交大学子生命中的一种力量的迸发”，已成为全校师生的共识。

我们悉心收集诸位嘉宾的演讲实录，集腋成裘，聚沙成塔，汇编成集，希望通过这本《创业之道》的出版，分享我校在创业教育方面的创新与探索，让更多的学子能分享到创业者们的思想盛宴。

本书付梓之际，要再次感谢校党委书记马德秀教授、校长张杰院士、副校长黄震教授的关心和支持，感谢两位参加创业学院创办和建设的原副院长莫亮金、刘明柱的开创性工作，感谢顾锋、杜松宁、张瑞、杨根科等创业学院行政班子成员的齐心努力，感谢冯霞、丛峰、党静雅以及魏祯、李诗靓、郭超、谢天宇、李敏、张晗等师生的共同参与，正是有了大家的鼎力支持和大力协助，才使得本书能够顺利出版。

创业之路的探索，漫长而修远；创业之道的求索，任重而道远。本书是上海交大创业学院推出的创业教育系列书籍的第一辑，尽管我们的团队充满活力和激情，但能力有限，难免有不当之处，另外，此次文稿的整理是各位嘉宾演讲实录的整理，未经本人审定，如有理解不准等不足，在此恳请学界前辈、创业同道批评指正。同时，创业学院将继续与创业者并肩前行，不断积累、整理、出版相关书籍，为有志创业的青年学子提供指导和帮助。